孩子一学就会的
实战演说课

刘茜 ◎ 著

北京理工大学出版社
BEIJING INSTITUTE OF TECHNOLOGY PRESS

版权专有　侵权必究

图书在版编目（CIP）数据

孩子一学就会的实战演说课 / 刘茜著 . -- 北京：北京理工大学出版社 , 2023.4
　　ISBN 978-7-5763-2161-6

Ⅰ . ①孩… Ⅱ . ①刘… Ⅲ . ①演讲—语言艺术—儿童读物 Ⅳ . ① H019-49

中国国家版本馆 CIP 数据核字（2023）第 038918 号

出版发行 /	北京理工大学出版社有限责任公司
社　　址 /	北京市海淀区中关村南大街 5 号
邮　　编 /	100081
电　　话 /	（010）68914775（总编室）
	（010）82562903（教材售后服务热线）
	（010）68944723（其他图书服务热线）
网　　址 /	http://www.bitpress.com.cn
经　　销 /	全国各地新华书店
印　　刷 /	三河市华骏印务包装有限公司
开　　本 /	880 毫米 ×1230 毫米　1/32
印　　张 /	9.875
字　　数 /	181 千字
版　　次 /	2023 年 4 月第 1 版　2023 年 4 月第 1 次印刷
定　　价 /	58.00 元

责任编辑 / 时京京
文案编辑 / 时京京
责任校对 / 刘亚男
责任印制 / 施胜娟

图书出现印装质量问题，请拨打售后服务热线，本社负责调换

 # 本书赞誉

说话,是当下这个时代非常重要的一件事。

孩子上学时,说对一句话,会获得一次机会。这一次机会,能让孩子得到历练、成长和积淀。所以,会说话,在学生时代是一件非常重要的事。

长大后,孩子进入社会。良好的沟通能力可以让他快速地融入团队,也可以快速地在人群中崭露头角,更可以得到领导的赏识,从而实现自己的人生价值。

刘茜的这本书,通过实战的方法论教会孩子如何去高效表达、高情商表达。相信这本书一定能够帮助孩子自信表达。

柳婉琴,《超级演说家》女性专场冠军

刘茜是一个有实战经验、有教学经验,更加有意志力的老师。这样的老师,值得信赖。

相信她会在这本书里给你提供更多她的成长秘诀,帮助孩子打开演讲的开关。祝愿刘茜的教育之路越走越好,培养出更多祖国的栋梁。

许晋杭,《超级演说家》全国十强

刘茜是一个努力好学的年轻人,做了很多事,每件事都做得很认真。

课堂上的她充满活力,乐于帮助同学解决问题。

舞台上的她游刃有余，常常带给观众欢声笑语和思考。

图书里她的文笔朴实、接地气，让人看了就能很好的理解。

我觉得，能做她的学生是一种幸福，因为她一定会把自己如何做人、做事的心得全部传授给你，并且使你受益终身。

崔永平,《超级演说家》第一季总冠军

刘茜老师是演讲实战派导师，非常知道孩子在表达上的痛点。

所以，这本书能够帮助孩子在演讲的道路上形成好习惯，能够自信、有气场地表达，从而掌控人生关键时刻。

吴琼,《孩子一学就会的黄金口才课》作者

如果一个孩子，能够从小就学会公众演说，我想他的自信心、他的心胸、他的格局都会与众不同。一个孩子学会了演讲，他将来的成就、他的影响力和领导力等都会更上一层楼。本书作者刘茜老师，也是七色豆教育创始人，她在青少年演讲培训这个领域，有着丰富的实战经验以及教学经验。

本书是刘茜老师多年演讲培训经验的心得感悟，实战落定，干货满满，相信各位读者一定可以从本书中得到自己想要的收获。本书一定能够帮助大家在公众演说方面有所突破。

最后，深深祝福刘茜老师能够帮助更多孩子打开演说的开关，站上舞台去发光发热。

李仲恩,《忘了这本书》《回家吧，迷失的你》
《种子与财富》作者

自 序

孩子的演说力,未来的竞争力

我是一位语言老师,也是一位青少年演说导师。十三年前,我开始走进青少年语言教育。每天我都会接触到各种各样的孩子,和他们一起去面对在语言学习路上遇到的障碍和困难。

我见过一个特别热爱语言的孩子,可是她看见舞台就恐惧到发抖。她说:"老师,我真的很想站上去。可是当我一想到我要站上去,我的心脏就跳得很快。我感觉我的心脏就要从我的嗓子里面跳出来了。我很想克服这种紧张感,可是我就是没有办法克服它。"

我见过一个浑身都是"宝藏"的孩子,他阅读了上千本书,私下跟他沟通时,他能特别有逻辑地跟你聊书中的奇闻逸事。可是,一旦站上舞台,他的大脑就一片空白,说话毫无逻辑。他说:"只要看见人多,我就不知道自己要讲什么了,所有我看过的书都变成了一张又一张的白纸。我想有一天能够站上舞台,自信满满、有逻辑、有层次地把我看过的书都通过我的语言讲出来。我做了很多努力,可我就是做不到。"

我还见过一个已经学了三年语言技巧的孩子,他可以在舞台上把语言的技巧用得很好,可是在生活中,他却不知道如何表达。面对班长竞选,他不知道该说什么;面对与同学的冲突,他不知道如何沟通;面对陌生人,他不知道如何快速地和对方拉近关系;面对和父母的矛盾,他不知道如何用语言去更好地沟通。

我一直认为,作为一名青少年演讲导师,我要教会孩子的不仅仅是在舞台上会演讲,更多的是让他学会用语言掌控成长中的每一个关键时刻,用语言去把控人生中的每一个关键节点。

在我从事语言演讲教学的十三年中,我听过很多故事。在这些故事中,我不是旁观者,而是亲历者。我也曾跟孩子一样,在学习演讲的路上,遇到过对舞台的恐惧,遇到过不知道如何有逻辑的表达,遇到过只会把演讲用在舞台上,不会在生活中去践行演讲的问题。

后来,当我开始勇敢地去面对这些问题,我的人生因为演讲发生了翻天覆地的变化。当我带着我的学生去践行演讲的实用技巧,他们的成长因为演说也发生了不一样的改变。所以,我有一个心愿,愿我此生帮助更多的孩子学会自信表达、自信演讲。让他们在人生的关键时刻,都能通过演讲把自己的能力放大十倍、百倍,甚至千倍。

我曾经问过我的学生,你们为什么要学演讲,其中一个孩子的回答让我至今难忘。他叫唐启桓,他说:"我学演讲是因为我知道,如果我不会公众演讲,我一个一个地去说服 300 个人同意我的方案,可能要用整整一个月的时间,可是当我学会公众演讲,我可以把这 300 个人邀请到同一个会场,我只需要用三个小时的时间就把我的方案全部讲完。"

这是我听过最棒的答案。

演讲学习是孩子人生中最重要的事情。我们终其一生都需要说话，和朋友、和老师、和父母、和伴侣、和领导，哪一次沟通都需要语言。如果孩子从小就学会了语言表达，那孩子就会抓住老师给他的很多机会。如果孩子没有从小学会语言表达，那他可能会在很多机会面前失去了伸手抓住它的能力。

在我从事教育的这么多年中，我见证了近万名的孩子如何从0~1，从1~10，从10~100的进步。很荣幸能够在他们的成长中成为陪伴者、见证者和帮助者。在陪伴他们成长的道路上，我做了很多工作。

我会让孩子看清自己的内心，因为演讲的学习一定是通过内在的改变来影响外在语言和行为的改变。

我会让孩子明白，对舞台恐惧不是只有他一个人，99.99%的人都会对舞台有恐惧。

我会让孩子明白，高情商的表达可以让他的成长被深深地滋养，也可以去滋养每一个遇见他的人。

我会让孩子懂得，一切的技巧皆可学习，演讲的技巧亦是如此。

我更会和孩子们一起去发现、去创造属于我们在演讲路上共同经历的故事。

这十三年的陪伴经验，我都悉数把它记录在了这本书里。这些方法论都是孩子们一个一个实战出来且持续得到良好结果的。

按照孩子演讲学习的逻辑和每个阶段将要应对的挑战，我把这本书分为了十章。

第1章，梦想激发：给孩子一个舞台梦，激发孩子演讲原动力。

第2章，信心塑造：战胜"上台恐惧症"，树立孩子演讲

孩子一学就会的实战 演说课

信心。

第3章，声音训练：给声音"化个妆"，悦耳又动听。

第4章，演讲技巧：掌握五大技巧，演讲变得引人入胜。

第5章，故事挖掘：教孩子学会讲故事，好演讲离不开好故事。

第6章，演讲稿写作：教孩子快速写出一篇优秀的演讲稿，为演讲赋能。

第7章，舞台展现：在舞台展现最好的自己，成为人气王。

第8章，情商沟通：培养孩子高情商表达力，让相处变得更温暖。

第9章，场景应用：熟悉实战场景，不同场合都能脱颖而出。

第10章，即兴演讲：不用文稿也能发言，到哪里都能成为焦点。

这本书没有太多复杂的学术理论，有的只是孩子们在不断实战中总结出来的经验。比如，如何突破自己站上舞台？如何三秒构建即兴演说框架？如何培养孩子的高情商？如何让孩子的演说有气场，又能打动人？等等。令我感到遗憾的是，这些简单的总结却是很多孩子在学习演讲中并未掌握的。所以我把它们总结出来，让更多的孩子参考学习。

让我们翻开这本书，开启一场美妙的演讲学习之旅，愿孩子通过学习成为一个拿起麦克风就能演说的少年演说家。

目 录

基础篇
教好演讲基本功，培养明日"小明星"

第 1 章
梦想激发：给孩子一个舞台梦，激发孩子演讲原动力

培养孩子学演讲，孩子自信、能说、有气场 …… 004
三个方法，让孩子从心底爱上演讲 …… 008
这样为孩子打造演讲环境，孩子进步一定快 …… 013
父母要学会，如何去挖掘孩子的演讲天赋 …… 018

第 2 章
信心塑造：战胜"上台恐惧症"，树立孩子演讲信心

妈妈如何让孩子敢于开口，迈出演讲第一步 …… 024
孩子不敢上台，如何帮他战胜"上台恐惧症"？ …… 031
如何让孩子气场满满，拥有由内而外的自信？ …… 036
三个锦囊，教会孩子如何正确面对失败 …… 042
培养孩子演讲自信的路上，这三句话一定不能说 …… 049

第 3 章
声音训练：给声音"化个妆"，悦耳又动听

三个小练习，助孩子练习标准又正确的发音 …… 055

掌握呼吸方法,让声音洪亮又具有穿透力 060
让孩子声音富有张力和变化的三个技巧 065
如何让孩子的声音听起来舒服且有感染力? 070

方法篇

助孩子掌握演讲方法与技巧,成为超级演说家

第 4 章
演讲技巧:掌握五大技巧,演讲变得引人入胜

教孩子掌握开场白技巧,给演讲一个好的开头 078
三个方法,让孩子轻松抓住观众的注意力 085
教孩子一开口就先声夺人,瞬间气场爆满 089
有好开头更要有好结尾,教孩子演讲结尾拥有"峰终定律" 093
教孩子掌握演说的三大经典框架,从此上台不再愁 101

第 5 章
故事挖掘:教孩子学会讲故事,好演讲离不开好故事

培养孩子故事思维,有故事的演讲才更动人 107
把握故事细节,具象的故事才更有吸引力 111
教孩子学会挖掘自己的故事,让它们成为演讲的素材 116
故事七问法,教孩子写出一波三折的故事 123
让孩子拥有自己的"故事库",做有准备的演讲 129

目录

第 6 章
演讲稿写作：教孩子快速写出一篇优秀的演讲稿，为演讲赋能

- 告诉孩子，写出一篇优秀演讲稿必须要注意的要素　　139
- 孩子觉得写演讲稿毫无头绪？思维导图能帮忙　　143
- 提升写稿能力的"捷径"：教孩子拆解他人的演说稿　　151
- 标题创新，让孩子的演讲与众不同　　159

第 7 章
舞台展现：在舞台展现最好的自己，成为人气王

- 教孩子学会运用肢体语言，增强舞台张力　　164
- 善于运用眼神交流，孩子的演讲就会自信又大方　　168
- 让孩子台上受欢迎的秘籍：学会照顾台下的观众　　172
- 没有什么比真诚的笑意更能拉近与观众的距离了　　177
- 教孩子巧用提问和掌声，增强和观众的互动　　181

第 8 章
情商沟通：培养孩子高情商表达力，让相处变得更温暖

- 教孩子学会认可别人，让大家愿意与他相处　　187
- 不仅会说更要会听，这样才能让人如沐春风　　192
- 孩子用好选择权，就能变得更受同伴欢迎　　200
- 与同伴关系更近一步的技巧：找到彼此的共同点　　205
- 教孩子懂得观照力，轻松成为高情商的人　　211
- 这个方法教给孩子，让他快速提高情商表达　　216

实践篇

让孩子学会场景应用，敢说、会说、有气场

第 9 章
场景应用：熟悉实战场景，不同场合都能脱颖而出

教孩子如何做好赛前、赛中、赛后的准备	226
演讲时，孩子应该如何面对突发情况？	233
如何做好班长竞选，快速获得大家支持	240
如何做好班会发言，让孩子在班级勇于表达	247
如何做好学校讲解员，让孩子成为学校的小向导	253
如何帮孩子打好校园辩论赛，唇枪舌剑占上风	260

第 10 章
即兴演讲：不用文稿也能发言，到哪里都能成为焦点

让孩子拥有即兴演讲思维，摆脱文稿也能发言	271
教孩子掌握即兴演讲三大框架，任何场合都不会被难倒	276
孩子不会即兴演讲怎么办？	281
让孩子熟知即兴表达的十大案例，学习做演讲的高手	285

附录
八位演讲"小明星"的经验分享　　　　　　　　293

基础篇

教好演讲基本功,培养明日"小明星"

第 1 章

梦想激发：给孩子一个舞台梦，激发孩子演讲原动力

培养孩子学演讲,孩子自信、能说、有气场

> 无论今天公众演讲有多重要,未来只会更加重要。
>
> ——TED演讲,克里斯·安德森

苏克是一位品学兼优的好孩子,每次考试都名列前茅,老师推荐她去参加国旗下的讲话,分享自己高效学习的方式方法。那天,重庆的天空灰蒙蒙的,她拿着麦克风满怀信心地走上舞台。可是,当她真的站上舞台时,手心却不停地冒汗,两腿发颤,全校 2000 双眼睛注视着她。苏克眼睛不敢看台下的同学。苏克试图努力张嘴把背下来的稿子说出来,可是大脑却一片空白,一个字也想不出来……

最后,苏克只能照着稿子磕磕巴巴地读了一遍,满脸窘迫地跑下了台。

当苏克妈妈找到我时,我说:"苏克妈妈,一切技巧,皆可学习得来。"通过苏克的故事,我们可以知道,孩子面对公众演讲是有恐惧的,我们只需要帮助孩子消除这种恐惧就好了。

孩子会公众演讲是一件非常重要的事情,可以让孩子把自己的能力放大十倍、百倍,甚至千倍。如果苏克会演讲,就能把自己高效学习的方式方法自信大方地分享出来,而不是满脸窘迫的读完文稿。

而很多家长认为只有专业演讲人、政治家、企业家、领导人才需要学习演讲,其实这样的认知是片面的。

百度上,对演讲的定义是指在公众场合,以有声语言为主要手段,以体态语言为辅助手段,针对某个具体问题,鲜明、完整地发表自己的见解和主张,阐明事理或抒发情感,进行宣传鼓动的一种语言交际活动。

说得更简单一点,在未来,三个人就是一场演讲。如果孩子能通过自己的声音去说服对方,用自己的声音去表达自己对这件事的观点,孩子就会获得更多的支持和拥护。所以,未来不管孩子从事什么样的职业,拥有演讲口才都是必备的技能。

在笔者从事教育十三年的时间里,常常有家长问:"茜茜老师,为什么要让孩子学演讲?"

我说:"我们的孩子每天都要与人沟通。在与老师沟通时,孩子说话不自信或者不够笃定就会导致沟通失败,让原

孩子一学就会的实战 演说课

本属于他（她）的机会被其他同学拿走，你愿意看到这种情况吗？在与父母沟通时，孩子表达不精准，或者抓不住重点，会与父母产生矛盾，你想让这样的事情发生吗？在与同学沟通时，孩子气场不够，就不能力排众议让大家支持他（她）的想法和方案，最后优秀的方案只能束之高阁，你忍心吗？"

据调查，95%的家长都不愿意这些事情发生，所以，作为新时代的孩子，要从小学会演讲口才，掌控沟通的每一个关键时刻，让自己的师生关系、父母关系和同学关系更和谐美好。

肖肖是一年级的小学生，她非常优秀，唯一的缺点是对自己不太自信。新生开学第一天，老师说："同学们，为了让老师更好地了解大家，请大家依次上台做自我介绍。"

肖肖的不自信让她觉得自己一定说不好，一开口就会被班上其他同学嘲笑，所以当老师快叫到她时，她把身子使劲儿地往下缩，不想让老师看见她，结果老师还是看见了她。肖肖像蜗牛一样慢腾腾地站起来，低着头小声地说："老师，我还没有想好！"

因此，她错过了一次展现自己的机会。而另外一个孩子凯威，因为能说、有自信，有了不一样的经历和体验。

凯威是二年级的小学生，2021年暑假，参加了《海阳快速阅读》课程。海阳老师要求,在一定的时间内把一个故事看完,看完后,会邀请班上的同学来复述所看到的内容。

凯威学了四年的演讲口才,把看见的内容复述出来是他的特长。每当老师让复述故事的时候,凯威都把脚使劲儿地垫起来,手高高地举起。海阳老师每次课都会让凯威来复述故事,因为他复述的故事不仅有感情,还能抓住重点。每次复述故事结束,大家都会给以热烈的掌声,也会被海阳老师高度认可。

从此,凯威不仅能在辅导班自信大胆地发表自己的想法,还能在学校积极举手回答问题,跟老师亲密互动。自信的表达,是孩子成长最有利的武器。温斯顿·丘吉尔曾说:"上帝赋予人类所有的才能中,没有比拥有演讲天赋更珍稀的东西了。享有它的人掌握的权力比一个伟大的国王所掌握的权力更持久。在世界上,他们是一支独立的力量。"让孩子好好学习演讲,给他这个世界上最珍贵的技能。

练一练:

每次说话前,让信念走在声音的前面,告诉自己:我相信自己可以做到。

孩子一学就会的实战 演说课

🎤 三个方法，让孩子从心底爱上演讲

> 我之所以能在科学上成功，最重要的一点就是对科学的热爱，坚持长期探索。
>
> ——生物进化论奠基人达尔文

在《超级演说家》的舞台上，海米提做过一场关于热爱的演讲。他讲到自己在乌鲁木齐给一线主持人做替身时的经历，说："当时气温低于-20℃，影棚中没有暖气，没有暖光，现场甚至没有一台机器会拍摄他，但他还是会用当家教赚来的钱，请老师帮他做一个很帅的发型，找化妆师帮他化一个很帅的妆，从衣柜中挑选出最帅的衣服，把原本不需要他背的台词一字不差地背下来，最重要的是，始终保持着职业的微笑。

他明白，做这些，大概率上都是徒劳，但他心里还是存着一丝希望，万一有人看到了呢？万一哪位领导看到后，觉

第1章

梦想激发：给孩子一个舞台梦，激发孩子演讲原动力

得自己还不错呢？"

因为海米提及自己想要的工作时，充满着热爱和努力，终于，他得到了正式的工作机会，甚至在中央电视台1号演播大厅讲述他自己的故事。

在海米提的演讲中，我们感受到了他的努力、他的热爱，他也因此，实现了自己的梦想。兴趣是最好的老师，每一份兴趣背后，都有着深深的热爱。那么，作为父母的我们如何去帮助孩子从心底热爱演讲呢？

1. 认可感

心理学上说，生命的本质就是渴望被认可。是的，每个孩子都渴望被认可，他们希望自己做到的事情能被看见、被肯定。认可不仅能让孩子感受到爱和欣赏，还能让孩子热爱某一项正在做的事情。

2021年9月，萱萱妈妈带萱萱来到演讲班。在第一次课上，我看见了萱萱眼神中透露出的对课堂不屑一顾的神情。她整个人靠在椅子上，对我在课堂上提出的每个问题也都沉默不言，我感受到了她对演讲的排斥。

于是，我开始运用心理学中认可的方法，对萱萱进行干预。我看见她在思考时，马上说："我看见萱萱在认真思考了，很棒！"我看见她的背离开椅子靠背、身体坐直时，立马说："萱萱的上课状态越来越积极了，让我们把掌声送

给她。"

随着我不断认可她,她不仅仅能热情地参与进课堂,更能够举手积极回答问题。后来,萱萱对她妈妈说,"妈妈,我好喜欢演讲,学演讲让我很快乐。"

是啊!真诚的认可可以让孩子喜欢上演讲。著名心理学家鲁道夫·德雷克斯说,孩子需要认可,就像植物需要水一样。作为父母的我们要多给予孩子认可,让孩子从心底喜欢上演讲,喜欢上表达。

2. 成就感

成就感是指孩子做完一件事情,为自己所做的事情感到愉快或成功的感觉,会让孩子产生愿望与现实达到平衡的自豪感。一旦孩子拥有了成就感,他总会想方设法,提高学习演讲的效率,不断地去挑战自我、提升自我,让自己体会到学习演讲带来的满足感和幸福感。

2021年10月,宋宋报名参加了一个全国性的语言类比赛。

我问:"宋宋,你想在这次比赛中取得什么样的成绩?"

她说:"茜茜老师,我想拿到金奖。"

我说:"宝贝,金奖必须要逐字逐句地分析作品,且这个作品的练习一定要超过100遍。"

宋宋回答说:"茜茜老师,没问题,我一定可以。"

辅导过程中，我们在处理一句话的强弱控制时，前前后后一共练习了 28 遍，还没有处理好，宋宋很着急，但她还是说："茜茜老师，我再来试一次。"

通过宋宋不断地练习，不断对自己高要求，不断去突破自己的边界，最终她拿到了全国大赛的特金奖。在回学校的分享中，她说："这次比赛让我收获了很多、成长了很多，让我特别有成就感。"

人们总喜欢做能为其带来成就感的事情，孩子也不例外。一旦让孩子在演讲上拥有了成就感，他就会越发的热爱演讲，越发想去挑战更高的目标。

3. 从小立志

立志就是为孩子树立演说目标，让他知道通过自己全力以赴的努力，最终会取得什么样的成就和成果。不然，孩子不知道努力的方向，也不知道为什么要努力，自然也就无法努力了。

2022 年北京冬奥会谷爱凌获得了两金一银的好成绩，这一成就和她 13 岁立下的志向息息相关。13 岁时，谷爱凌就立志参加北京冬奥会，所以，她所有的练习和努力都是为了向自己的目标全力进发。

明代哲学家王阳明 12 岁前不仅逃学、顶撞老师，还离家出走。但 12 岁那年他立志做圣贤后，整个人发生了翻天覆地的变化。他认真学习、苦读诗书、研究兵法，期待有一天

孩子一学就会的实战 演说课

能成为圣贤。最终，他成为明朝杰出的思想家、文学家、军事家、教育家。他创立的"阳明心学"更是影响了一代又一代人。

作为父母我们要尽早为孩子立下演说志向，早立志，早成长。

为孩子立好演说志向有三大好处：

○ 可以让孩子清楚自己追求什么，不至于偏离方向。

○ 可以让孩子有清晰的目标，让他专注于目标。

○ 可以让孩子不会因为一时的成就，迷失自我。

热爱可以让孩子勇敢克服在演说路上遇见的任何问题，因为热爱是一切的源动力。父母可以好好地运用上述三个方法，激发孩子由内而外的热爱，让演讲能力帮助孩子把他的优势放大十倍、百倍、千倍。

练一练：

和孩子共同探讨一件让彼此有成就感的事情。

第 1 章
梦想激发：给孩子一个舞台梦，激发孩子演讲原动力

🎤 这样为孩子打造演讲环境，孩子进步一定快

> 人是环境的产物，只有处在适宜的物质和道德环境下，才能培养出好的品德。
>
> ——罗伯特·欧文

又到了开学季，老师要求三年级一班每位同学都进行"课前三分钟"的分享。每天课间休息，都可以看见同学们三五成群地聚在一起讨论今天想分享的话题和内容。

好好说："我今天想分享冬奥会，今年的冬奥会太精彩了！"

同桌琳琳听完说："我也想分享冬奥会。"

氛围一下子尴尬了，好好转头思考了一下说："要不，我们都分享冬奥会，只是分享的内容不同就可以了。"

于是，好好决定分享谷爱凌为什么能在女子大跳台获得冠军，琳琳决定分享冬奥会的开幕式让她最惊艳的地方。

三年级一班"课前三分钟"的计划实施一年来,好好班上的同学都爱上了课前三分钟,同学们也越来越爱表达、爱分享了,每次班级探讨时,大家都争先恐后发表自己的观点。

其实,我们可以发现,孩子处在一个人人都要表达的环境里,所以大家的表达能力就会慢慢变强。就如一句古话说得好:"蓬生麻中,不扶自直。"在一个善于分享的环境里,孩子就会越来越爱分享;在一个热爱阅读的环境里,孩子就会越来越爱阅读;在一个高情商的环境里,孩子的情商就会越来越高。

那在孩子学习口才的最初阶段,作为父母的我们应该如何为孩子营造良好的环境呢?

1. 亲子表演

孩子在学校学习的任何内容我们都可以和孩子进行亲子表演,让孩子感受到不是他一个人在孤军奋战,而是有人陪他一起学习、一起进步。

开学第一周,老师教给孩子一首儿歌《圆圆的节日》,要求家长为孩子录制视频,并发到班级群内。当豆豆妈妈要为豆豆录制视频时,豆豆不是倒在地上,就是贴在墙上;不是乱扯衣服,就是把脚抬起来。当时豆豆妈妈的内心都要崩溃了,感觉控制不住自己内心的洪荒之力了。

豆豆妈妈马上深呼吸,对豆豆说:"宝贝,妈妈先来表演一遍,你来做我的小老师,看看我哪里不对,然后你再来表演,可以吗?"

一听要做小老师,豆豆内心的自豪感马上升腾起来,说:"好呀!"

就这样豆豆妈妈运用亲子陪伴的方式,让豆豆一遍就录好了视频。从那以后,豆豆妈妈会每天带着豆豆进行亲子表演,现在豆豆已经可以在30多人面前大声表演了。

其实,我们不仅可以把学校学习的内容进行亲子表演,还可以把孩子看过的绘本、故事书、文学作品等都来进行亲子表演和亲子探讨。这样不仅会为孩子营造一个良好的表达环境,更会让孩子把输入的知识再次输出,还能有一段温馨、美好的亲子时光。

2. 亲子 PK

PK 是 Penalty Kick 的缩写,常指足球里的点罚球,指一对一单挑,只有一方能赢。而这里的亲子 PK 就是父母和孩子就一个作品来 PK,看谁的表达更加精彩,谁就获胜。

小千妈妈是一位特别愿意为孩子成长花心思的妈妈,最近小千学习了即兴演讲,可是常常拿到一个词就会发呆 30 多秒,才能想出思路。

于是,小千妈妈就跟小千一起在家进行即兴演讲的 PK 赛。当小千妈妈站在舞台上说即兴演讲的时候,小千就坐在台下拿本子为妈妈做记录，看妈妈哪里说得好，哪里说得不好，以及如何去做调整。

小千妈妈说完就由小千走上舞台说即兴演讲，由妈妈来记录小千哪里说得好，哪里说得不好，如何去调整。

通过这样的PK练习，现在小千已经可以拿到题目就说90秒的即兴演讲了。

孩子天生爱PK，天生希望自己变得优秀，所以用亲子PK的方法可以强烈地激发孩子的胜负欲。

3. 舞台实践

亲子表演、亲子PK都是在自己熟悉的环境里进行的，当孩子的能力已经在家里得到锻炼时，我们就要跃升一个层次为孩子提供更优质、更具挑战的环境——舞台实践。

子鉴妈妈深知舞台能够快速地提升孩子的演讲能力，所以只要有时间就会带子鉴去参加各种比赛。

子鉴妈妈说："每一次带子鉴去参加比赛都感觉孩子进步特别大。参加电视台演说家大赛时，子鉴明白了即兴演讲的重要性；参加青少年口才大赛时，子鉴明白了成长要靠自己，不能靠父母；参加七色豆第三届少年演说家大赛时，子鉴懂得了演讲稿背后的底层逻辑。"

只要家长通过亲子表演、亲子PK和舞台实践为孩子打造优质的演说环境,孩子的口才学习一定进步很大。现在,在父母的帮助下持续践行这三点的孩子,已经可以做到拿着麦克风在任何场合就开始演讲了。这些方法不难,只要持续践行,就能出效果。

练一练:

> **和孩子进行一次亲子表演,并和孩子真诚交流内心感受。**

🎤 父母要学会，如何去挖掘孩子的演讲天赋

> 鸡蛋被外力打碎，那是生命的结束；鸡蛋被内力打破，那是生命的开始。奇迹的开端，永远在事物内部。
>
> ——吉姆·奎克

德摩斯梯尼是古希腊著名的雄辩家，可是，他并非有过人的天赋；相反，他不仅口吃，声音低沉，而且肢体语言也存在很多问题，可以说完全不适合演讲。德摩斯梯尼是个博学多才的人，对事理的分析也十分精准，对很多问题都有自己独特的见解。让他苦恼的是，别人总是听不清他说了什么。

德摩斯梯尼觉得事情应该有所改变，于是，他强迫自己走上演讲台，以此来锻炼自己。结果在预料之中，他失败了。面对他的演讲，观众毫无情面地给予了嘲笑。可是，这并没有打消他的积极性。他不仅开始认真学习发音的方法，还特意在家里装了一面大镜子，对着镜子不停地练习演讲。

第1章

梦想激发：给孩子一个舞台梦，激发孩子演讲原动力

为了让发音更加准确，他将小石子含在嘴里朗读；为了缓解气短的毛病，他一边攀登，一边吟诗；他还会去听演讲大师的演讲，从中琢磨演讲技巧……

多年的努力并没有白费，德摩斯梯尼终于成为一名优秀的演说家。

没有哪个孩子天生就会演讲，其实，只要努力，谁都可以是演讲家。生活中，孩子要传递某个信息时，他所说的每一句话，就是在演讲。很多父母觉得演讲离孩子很远，其实，演讲无处不在。

很多家长会说，我家孩子内向得很，不适合演讲，其实，内向的孩子比外向的孩子学习演讲更有优势。内向的孩子善于思考和琢磨，会将前因后果都思考好后再发表自己的观点。这时，总会赢得满堂喝彩。

可能还有家长说，我家孩子天生条件不够好，发音不清晰、胆子小，怎么会把演讲学好呢？心理学上，有一句话是这样说的："很多时候，我们之所以没有完成某件事情，是因为我们相信自己做不到。"

央视主持人白老师现在是非常受国人喜欢的主持人，也是央视的节目担当。但是你们知道吗，白老师并不是天生条件就很优秀的人。在刚刚进入央视的时候，因为播报新闻说错字，常常被罚款，甚至有一个月他的工资全部被用来交罚款了。

孩子一学就会的实战 演说课

  白老师相信自己一定可以把发音练习得很标准,于是,就每天在嘴里含一块儿石头不停地练习发音。最终,才有了今时今日的白老师。

  只要父母相信孩子可以,再配合专业的练习方法,孩子成为一名优秀的演说家是指日可待的事情。

  内向的孩子和天生条件不好的孩子适合学习演讲,那外向的孩子呢?

  外向的孩子天生是学习演讲的好苗子。他们敢于尝试,不害羞,热情大方,但外向的孩子学到演讲的后期,就会有一个很难突破的卡点,那就是常常为了表达而表达,从而忘记了思考,使得演讲的深度和广度不够。这时,一定要加强孩子的阅读和思考,来增加思维的深度和广度。

  其实,无论是内向的孩子,还是外向的孩子,只要掌握了一定的技巧,通过不断的努力,都会成为别人羡慕的对象。

  那么,我们如何来帮助孩子成为优秀的演说家呢?可以采用以下三种方法。

1. 刻意练习

  很多父母说,孩子学习了多年的演讲,为什么还是没有学会演讲。我一问才知道,他们只是让孩子学习了演讲,却没有让孩子刻意练习,让演讲内化为孩子身体的一部分。

  作为父母我们一定要清楚,演讲学习的底层逻辑——演讲是练会的,不是听会的。我们可以让孩子进行"1 000天演

第 1 章
梦想激发：给孩子一个舞台梦，激发孩子演讲原动力

说打卡"，就是每天把孩子学习过的任何内容用"凡事讲三点"进行打卡输出，每当孩子打卡满100天时就给孩子发一块奖牌，让他有满满的荣誉感和获得感，这样他会更加努力地坚持。

我有一个学生叫陈鑫，今年刚刚上二年级。曾经，她发音不标准，一问她问题，她就会躲在妈妈的背后，像一只害羞的小猫咪。

现在，她已经坚持"1000天演说打卡"586天了。昨天，在为她颁发500天演讲打卡的奖牌时，她能马上发表拿到500天奖牌的感言。

她说："拿到500天的演说奖牌我太开心了！我要特别感谢我的妈妈，她每天都会提醒我打卡，督促我认真练习演讲，不是妈妈的帮助我是拿不到这个奖牌的。我感谢我的妈妈，这个奖牌有我妈妈的一份。"

现场所有的家长听完后，都为陈鑫送上了认可的掌声。

2. 心理暗示

作为父母，我们要从意识上相信孩子可以成为一名优秀的演说家。我们可以从"身语意"来调整，"身"是指我们的行为，"语"是指我们的语言，"意"是指我们的意识。我们首先要调整的是意识，让自己从意识上相信孩子可以做到，因为意识主导着我们的行为和语言。

当我们调整好意识后，就需要从语言上和行为上对孩子进行心理暗示。语言上，可以多说正向积极的话，比如，"妈妈已经看见你站在舞台上自信演讲的样子了""妈妈相信你只是暂时不可以"等。行为上，我们可以多做未来进行时，比如，你敢于站上舞台分享的礼物我已经买好了；你成为优秀演说家的战袍我已经为你准备好了等。

3. 每天复盘

孩子都不喜欢自己的不足被他人提出来，作为父母我们要训练孩子自我复盘的能力。前面说过，生活中的每一句话都是一场演说。我们需要每天晚上和孩子一起复盘在今天所有说的话中，哪些说得好？哪些说得不好？如何调整说得不好的地方？

无论是什么性格的孩子都适合学习演讲，当父母相信孩子时，孩子就是天生的演说家，他会绽放属于自己的独一无二的演说光芒。

练一练：

> 父母每天对孩子说一句拥有心理暗示的话；孩子每天对自己说一句心理暗示的话。

第 2 章

信心塑造：战胜"上台恐惧症"，树立孩子演讲信心

妈妈如何让孩子敢于开口，迈出演讲第一步

> 口才是社交的需要，是事业的需要，一个不会说话的人，无疑是一个失败者。
>
> ——美国第十六位总统林肯

在一次课程结束后，有位妈妈满脸焦虑的找我聊天。

她说："茜茜老师，我的孩子怎么都不敢上舞台开口讲话，她的胆子太小了，说话声跟蚊子声一样，每次上台前她都答应得好好的，临到上舞台时却又退缩了。其实，她在家里表现得特别好，就是不敢当着很多人开口说话，该怎么办呢？"

我问："你有问问孩子，为什么在面对很多人时，不敢开口讲话吗？"

这位家长一下子回答不上来了，在那里思考了很久……

我说："你先回去，找一个孩子心情特别好的时刻，先

抱着她，告诉她妈妈很爱你，我很想帮助你，你能跟我说说为什么你不敢上台讲话吗？然后，给她时间听她说。在孩子说的过程中，一定不要评价和批判，只需要静静聆听，表达你对她的爱和帮助就好了。"

不久后，这位妈妈给我发消息说："茜茜老师，谢谢你。我现在才知道，我家孩子之所以人多不敢开口，不是因为胆小，而是在她4岁那年上台表演时，被下面的观众嘲笑过，所以现在她不敢开口了，她怕被嘲笑。"

孩子不敢开口是害怕被嘲笑只是其中一个原因，孩子不敢开口的原因还有很多，比如：怕说错、没有准备好、害羞、紧张、不认识的人太多了、胆小、不敢单独上台、太在乎他人的评价和太在乎结果的好坏……

如果不从根源上去找出问题，也就没有办法给孩子做出好的引导。所以，我们在帮助孩子敢于在公众场合开口前，一定要了解孩子不敢开口的原因有哪些。

孩子不敢开口的原因一般有以下五种。

1. 心理上，怕被嘲笑、怕说错

30%的孩子不敢开口是怕被嘲笑，怕自己说错，比如："我说错了，我妈妈会批评我。""我说错了，好丢脸，会被同学笑话。"所以，他们在心理上给了自己很大的负担，这种负担导致他们越来越不敢开口。

2. 环境上，表达环境不安全

25%的孩子说，不敢开口是因为表达的环境让他觉得陌生，所以不敢当众讲话。比如，"这里我从来没有来过，好陌生。""这些人我都不认识，我不敢。"等。

3. 行为上，准备不充分

20%的孩子是因为没有准备充分，心里没有底所以不敢开口。其实，准备不充分是很多孩子不敢开口的主要原因。他们知道自己开口就是错，所以选择不开口来保护自己。

4. 肢体上，无比紧张

20%的孩子说："我也不知道怎么回事儿，明明妈妈给我准备得非常充分，可是我一上台就开始紧张，全身变得僵硬，头皮发麻，特别想上厕所。"

人的基因里就有一种叫作"害怕"的基因，孩子在有危险的环境中就会启动保护机制。舞台就是孩子意识里的危险基因，观众的一双双眼睛紧盯着舞台上的孩子，所以孩子只要站在舞台上，首先感受到的就是威胁。这时候，全身的血液就会全部流向孩子腿部，潜意识告诉孩子——"赶快跑"。这时候人的脑子就会因为缺氧而来不及思考，这就是孩子一上台就紧张、全身僵硬、头皮发麻和大脑一片空白的深层次原因。

5. 技巧上，不知道如何开口

这个原因只占到了5%，孩子不知道如何开口才能先声夺

第 2 章
信心塑造：战胜"上台恐惧症"，树立孩子演讲信心

人；不知道如何开口说话才有逻辑；不知道如何演讲结束后才能获得观众的认可。这些原因都是导致孩子不敢开口的重要因素。

那不敢开口的孩子，长大了会怎么样呢？

公司述职会上，明明很有能力却不敢去开口争取更高的职位。

每次当众讲话就特别害怕，脸红脖子粗，直到最后一个字也说不出来。

面对喜欢的人怎么也说不出"我爱你，我想保护你"，最后错失一段良缘。

面对亲子关系，总是不敢把自己的心里话给孩子讲，最后造成亲子关系日益恶化。

你身边是不是也有这样的人呢？是什么原因造就了这样的情况？

其实，这一切都是不敢开口造成的。

萧伯纳年轻时木讷、不敢开口，拜访朋友都不敢敲门，常常在门口徘徊 20 多分钟，因为怯于开口，所以错失了很多机会。直到最后刻苦学习演讲口才，才重拾错过的那些机会，最终成为英国戏剧大师。

如果一个孩子不敢开口，家长和老师没有引起重视，长大后孩子很有可能会成为一个不善言辞、沉默寡言的人，会因为不敢开口表达错失很多升职加薪的机会。

如果我们足够重视,又该用什么方法呢?

我用十三年的经验,给大家总结出了以下三种方法。

1. 不做负向强化,给予孩子力量

家长要杜绝的事情:千万不要在孩子面前说孩子胆小,不敢开口,或者跟别人说孩子不敢开口。父母在孩子心里的地位是非常高的,如果孩子听到父母说这样的话会很难受,会在心里留下深刻印象,觉得自己就是不会开口,就是不行。

家长必须要做的事情:当孩子告诉你"妈妈,我害怕我做不到"时,请你蹲下来抱住他,告诉他:"宝贝,妈妈相信你可以做到,加油!妈妈永远爱你!"当孩子听见妈妈相信他时,他会充满了力量,就会敢于去尝试。

2. 帮助孩子多多练习,让孩子内心有底气

萱萱是三年级的学生,她很喜欢演讲,跟我面对面坐着讲时,总能滔滔不绝、眉飞色舞;可是,一旦面对两个以上的人,她就怎么也开不了口。

这天,我跟她面对面坐着,牵着她的手问:"萱萱,你很有演讲的天赋,只要你愿意,你肯定会成为一名非常出色的演说家,现在让我来帮助你变得更优秀,可以吗?"。

萱萱看着我点点头。我说:"宝贝,你能告诉我为什么你站着讲时会紧张吗?"

萱萱低下头,手指不停地扯着衣角,小声地说:"老师,我害怕,我心跳得很快、很慌,感觉快跳出嗓子眼了,我心里一点底都没有。"

后来,我建议萱萱每次演讲前先练习20遍,让演讲稿滚瓜烂熟,让自己的心里有底气。现在,她不仅可以当着两人以上演讲,还能主持班级里的班会了。

3. 提前预判,为孩子做好心理建设

不敢开口的孩子,其实内心特别渴望得到帮助,他们也想像其他孩子一样敢于开口。这时,父母就要给孩子做好心理建设,提升孩子的心理认知。

我们可以说:

"宝贝,不敢开口是大多数孩子都会遇到的问题。"

"宝贝,你只要多去尝试,多去跟舞台成为好朋友,你一定会做到的。"

"宝贝,很多名人以前都不敢开口说话的,比如,中国古代思想家韩非子、美国第十六任总统……"

"宝贝,所有优秀的演说家都会经历这一关,妈妈相信你可以的。"

实践证明,在家长和老师的帮助下,孩子一定会克服不敢开口的小问题,加上各种舞台的锻炼,孩子会越来越敢开口。例如:上课时积极发言、竞选班委、主持班会、积极参

孩子一学就会的实战 演说课

加学校的讲故事活动和演讲活动……久而久之,历经时间的沉淀,孩子就会越来越大胆、越来越敢于开口,绽放出独一无二的自己的光彩。

练一练:

父母可以多说这句话:"孩子,妈妈相信你可以!"

第 2 章
信心塑造：战胜"上台恐惧症"，树立孩子演讲信心

🎤 孩子不敢上台，如何帮他战胜"上台恐惧症"？

> 人类最原始且最强烈的情绪就是恐惧，而最原始且最强烈的恐惧就是对未知事物的恐惧。
>
> ——洛夫克拉夫特

在每场比赛活动的现场，我几乎都遇到过很多孩子不敢上舞台、不敢在公众场合讲话的情况，有的孩子一上台就紧张、害怕、思维短路，大哭大叫，等等，而这时很多家长就会愤怒的责骂孩子。

2018 年暑假结业展示的现场，有一个小朋友，她画着非常精致的妆容，穿着白色的纱裙和闪闪发光的高跟鞋前来参加结业表演。可是，当她站上舞台的时候却只说了两句话，就卡住了，再也没有办法往下说。她双眼无措地看看老师，又看看妈妈，这个时候我的心就揪起来了，害怕这位妈妈会

孩子一学就会的实战 演说课

责骂孩子。这个时候她妈妈对她说:"宝贝,加油!"听见她妈妈这样说,我揪起来的心,慢慢放了下来。

可能是因为没有充分的准备,孩子依然不知道如何往下说,这时老师正准备过去带着孩子一句一句把作品说完。只见这位妈妈唰地一下从座位上站起来,拿起一个还有半瓶矿泉水的瓶子,用力地扔到孩子的额头上,孩子的额头上瞬间起了一个包,孩子哇地一下哭了出来。这个时候妈妈并没有去安慰孩子,而是说:"我怎么生了你这个笨东西,我为你付出了那么多,你就是这样回报我的。"

我放下的心,又被紧紧的抓了起来。

我不知道这位家长是什么心理,我只知道孩子当时受伤的眼神让我至今难忘。著名数学教育家G.波利亚有句名言:"发现问题比解决问题更重要。"而我们很多父母却恰恰发现不了孩子的问题,或者说发现孩子的问题比较笼统和模糊,更或者在发现问题时,只顾宣泄自己的情绪,忘记了如何引导孩子。

很多父母只发现自己家的孩子胆小、不敢上舞台的问题,就感到很焦虑。但是父母没有发现孩子不敢上台,具体是心态的问题,还是缺乏舞台经验的问题,这显然是很多家长没有去思考的点。面对孩子恐惧舞台的事情,只有找到问题的原因,才能真正地去解决问题。

这几个小建议分享给大家:

第一，家庭小舞台。

著名教育家叶圣陶曾说过："什么是教育？简单一句话，就是养成良好的习惯。"所以，在孩子走向大型的舞台前，家长要给孩子创造一个"家庭舞台"。在我们家沙发就是我们的家庭小舞台，我和孩子爸爸就是孩子的第一批观众。我们会在孩子登台表演时，给予孩子热烈的掌声，还会大声赞叹。

豆豆在语言班学了一首儿歌《小兔子乖乖》，老师要求我们在每一周周一还课。

周一那天，我们在放学回家的路上就带孩子复习了《小兔子乖乖》。吃过晚饭后，大家就围坐在沙发前当观众。爸爸当主持人，说："接下来，我们要欣赏到的是一位非常厉害的小朋友唐豆豆为我们带来的《小兔子乖乖》，大家掌声有请！"

于是，全家人就为豆豆热烈地鼓掌。只见豆豆非常得意地从沙发下面走到了沙发上面，站好后说："大家好，我叫唐豆豆，我今年三岁了，我为大家带来儿歌《小兔子乖乖》。

小兔子乖乖，把门儿开开，快点开开我要进来。不开不开我不开，妈妈没回来，谁来也不开。

小兔子乖乖，把门儿开开，快点开开我要进来。就开就开我就开，妈妈回来了，我就把门开。谢谢大家！"

当豆豆表演结束后，全家都鼓起了热烈的掌声，这个时候豆豆说："爸爸该你表演了！"

孩子一学就会的实战 演说课

于是,我们全家人又依次上台去做了表演。

第二,敢于上台,比分享的内容更重要。

"态度决定一切!"作为父母,在孩子的成长过程中,我们一定要帮助孩子建立良好的心态。经过调查,有90%的孩子之所以不敢上舞台,最大的心态问题就是:他们担心如果表现不好,老师会责骂他,其他同学会嘲笑他、挖苦他。

当孩子遇到这样的事情,该怎么办呢?我们可以通过以下三点帮助孩子建立良好心态。

1. 积极肯定

豆豆最开始也是说什么都不肯上舞台的,用手死死地抓住我的裙子。我把她抱起来,说:"好的,宝贝,妈妈陪你去可以吗?"

她依然摇头,最后我说:"好的,那我们这次就不表演了,我们只是站上去一下,可以吗?妈妈陪你。"

最后,她就在舞台上站了1分钟。

走下舞台后,我马上肯定了她的勇敢,愿意走上舞台。

2. 心里建设

后来,每次豆豆要上台表演,我都会对她说:"宝贝,你只要站上舞台妈妈就觉得你好棒好棒的。加油哦!"

我会发现,每次比赛前的心理建设会让豆豆一次比一次做得更好。

3. 正确引导

关于同学们在下面大笑,我也会及时引导孩子,其实,他们并不是嘲笑你,而是在嘲笑那个错误。孩子的心灵是脆弱的,很容易被影响。这些心态上的障碍,如果父母没有给孩子及时地扫除,这种害怕的心理障碍就像成千上万的麻丝一样束缚着孩子的心灵,使得他们一辈子都胆怯。

第三,充分的准备是克服一切紧张的最好法宝!

央视著名的主持人朱迅曾说:"克服舞台紧张的最重要的一点,我认为就是准备充分!"在孩子面对一项活动的时候,我们一定要帮助孩子提前做好充分的准备。

在2021年12月第三届辩论赛上,我发现有些孩子提前准备得很充分,他们在辩论时就显得驾轻就熟、自信洒脱,往往将对方辩得无话可说;反观那些没有准备的同学,显得非常的被动,有的甚至哑口无言,没有什么话可说。所以,在孩子参加一项重要的活动前,一定要帮助孩子准备充分,不打无把握之仗!

练一练:

> 用"以教为学"把战胜舞台恐惧症的方法分享给同学。以教为学就是把学到的知识点教给身边的朋友或者同学,达到再次巩固、强化的效果。

孩子一学就会的实战 演说课

🎤 如何让孩子气场满满，拥有由内而外的自信？

> 只有满怀自信的人，才能在任何地方都怀有自信，沉浸在生活中，并实现自己的意志。
>
> ——高尔基

在我从事语言教学的十三年中，被家长问得最多的问题就是："老师，我该如何培养我孩子的自信？"在培养孩子自信的路上，我们首先要知道自信是什么，自信与否会给孩子带来什么样的影响？

自信是一种由内而外生长出来的力量，不是单纯地外在呈现，是需要自己相信自己。孩子独自去交朋友并客观解决和朋友之间的矛盾，这是自信；孩子知道如何面对失败，如何去拥抱失败，这是自信；孩子明白如何去应对考试，如何面对考试的紧张，这是自信。

第 2 章
信心塑造：战胜"上台恐惧症"，树立孩子演讲信心

在主持大师班的课堂上，我教给孩子写主持开场白的五步底层逻辑。我说："接下来，给大家一个题目进行即兴主持，请大家以中秋节晚会做一个即兴开场白，准备时长为一分钟。"

我刚说完，就看见孩子们眉头紧锁坐在座位上思考。一分钟到了。我说："谁备好了吗？谁可以第一个来。"

这个时候肖皖匀站起来说："老师，我虽然还没有准备得特别充分，但是我想试一下可以吗？"

我说："当然可以！"

只见她拿着麦克风，走上了舞台，没想到她说得非常非常好。我当时就在思考，是什么样的力量让她敢于在自己还没有准备得特别充分的时候就去试一下，其实，就是源于她内心强大的自信心。相信自己在没有准备好时，也不至于说得很差。

自信对孩子的成长非常重要，自信可以让孩子充满快乐，自信可以让孩子拥有力量，自信可以让孩子敢于挑战。正是有了自信，孩子的成长之花开得更茂盛、更灿烂；也正是有了自信，孩子的人生可以越过越精彩。而最快速让孩子掌握自信的方法就是演讲，那我们如何通过演讲去训练孩子的自信呢？

1. 自信源于外在

当一个孩子不断地接收到外在的高度认可反馈，他就会

孩子一学就会的实战 演说课

越来越自信,因为孩子认知自己都是先从他人的评价中来的。在我教学的生涯中,发现有70%的孩子特别在意父母、老师、偶像、朋友和同学对自己的评价和看法。

豆豆,今年3岁,我经常会带着她在户外进行语言节目的表演。

有一天傍晚,我们在黄水的公园散步。我和孩子在玩儿"两只小蜜蜂"的游戏,这个游戏是谁输了谁就要表演节目。第一次玩儿豆豆就输了,她主动站在旁边的空地上开始了她的表演。

她说:"大家好,我是唐豆豆,今年3岁了,我给大家表演儿歌《轻轻地》。'小兔小兔轻轻跳,小狗小狗慢慢跑,要是踩疼小青草,再也不跟你们好。'谢谢大家!"

豆豆表演结束后,旁边一位带孩子的阿姨说:"哇!你看这位小姐姐好厉害!"豆豆乐滋滋地说:"谢谢阿姨!"

我以为事情就这么过去了,结果在回家的路上豆豆对我说:"妈妈,刚刚那位阿姨表扬我很厉害哦!"

我赶紧接着话说:"是啊!豆豆能够公开表演节目,声音洪亮,还有微笑和动作,当然很厉害哦!"

经过这件事,我发现孩子很在意周围人对她的评价。也是经过这件事,我更多的让豆豆在户外去表演语言类的节目,让她有意识地接收到大家的掌声和认可。现在,无论在任何场合,豆豆都可以像在舞台上一样认真、专注的表演。

那我们就要思考,如何让孩子获得更多的外在认可呢?

◎ 积极展示

孩子只有将自己不断地展示出去,才有可能获得大家的认可和掌声。很多家长说,我家孩子没有可以展示的内容。其实,幼儿园的孩子背一首小儿歌、一首古诗都是可以的;一年级的孩子讲一个听过的小故事、课文也是可以的。豆豆的表演也很一般,但因为她敢于表演的行为,就已经超越了90%孩子。

◎ 认可的种子

各位父母有没有发现,当你在生活中特别喜欢去赞美他人时,你就会获得更多人的赞美。当你在生活中特别喜欢诋毁他人时,你就会获得很多诋毁。这就是种子法则,当你种下善良,你收获的是善良;当你种下宽容,你收获的是宽容;当你种下认可,你收获的是认可。当我们看见其他孩子的闪光点并及时认可他人时,你的孩子也会被其他人认可。只是认可你孩子的人,也许不一定是你认可的那个人。这个方法,只要坚持做三个月绝对有效。

◎ 礼貌待人

孩子来到这个世界上,是一张白纸,父母要为他涂上礼貌的色彩。一个有家教的孩子,走到哪里都会被人认可和褒奖。让孩子常常把"请、谢谢、对不起、没关系"放在心

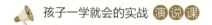

里，挂在嘴边。

2. 自信源于内在

当孩子受到越来越多的外在认可时，我们要及时地让孩子获得内在的认可。一个孩子的自信只有内外兼修才能真正成为一个自信满满、内心强大的人。要想拥有内在的自信，那就要正确解读自己，而正确解读自己的第一步就是客观认知自己。那孩子如何去客观认知自己呢？请准备一张白纸和笔，让孩子写出以下三点：

○ 写出自己的十个优点。
○ 写出自己的三个不足。
○ 写出如何发扬自己的优点，如何改正自己的不足。

例如：

我是肖皖匀，我的十个优点是爱看书、主意多、爱学习、爱运动、爱笑、听妈妈的话、经历多、知错就改、敢于挑战、做作业效率高。

我的三个不足是比较爱接话茬、爱顶嘴、晚上不想睡觉。我会多把自己的优点发扬光大，针对不足我会努力改正爱接话茬和顶嘴的习惯。

3. 自信要事上练

当孩子已经从外在和内在拥有了自信时，就要大量地开启事上练。刚刚拥有自信的孩子，就像一株小幼苗，经受不

第 2 章
信心塑造：战胜"上台恐惧症"，树立孩子演讲信心

了风吹雨打，家长要让孩子不断去接受失败、挫折和否认，如果这个时候孩子依然自信，那么恭喜孩子获得了真正的自信。

自信对孩子目前的学习以及长大后的工作和生活都无比重要。自信给孩子力量，自信给孩子快乐，自信给孩子面对困难的勇气。一个自信的孩子才会充满智慧，才会让自己的生活过得更加幸福美好。

练一练：

> 让孩子写出自己的十个优点、三个不足，并写出如何发扬自己的优点？如何改正自己的不足？

孩子一学就会的实战 演说课

🎤 三个锦囊,教会孩子如何正确面对失败

> 我的那些最重要的发现是受到失败的启发而获得的。
>
> ——戴维

每个学习演讲的孩子,都不是一次成功的,都会经历无数次的失败。正是因为有了这些失败的经历,才让孩子在今后的演讲学习中,越挫越勇,大放异彩。

有一个孩子曾这样谈起自己经历:

我是刘珂菡,今年(2022年)六月,在七色豆少年演说家学院第五届少年演说家大赛中,我如愿以偿地获得了特金奖。当时我特别激动,我把大奖杯从比赛场地一直抱到家里依然不想放开。

其实,在获得这次特金奖之前我经历了很多次的失败。

第 2 章

信心塑造：战胜"上台恐惧症"，树立孩子演讲信心

第一届和第二届的演说比赛我都只获得了铜奖，当我看到别人获得特金奖，抱着大大的奖杯时，我心里无比羡慕。

第三届是辩论比赛，也是我不太擅长的领域。如果想拿特金奖，我就只有充分准备、多多练习。于是，在妈妈的帮助下，我根据每个辩题都准备了充分的材料。我先背下全部材料，然后每天和妈妈一起练习辩论，正方反方我都刻意练习。在比赛时我得知对手是张瀚月时非常高兴。心想，我一定会拿到特金奖，因为张瀚月比我小一岁，才上二年级，肯定辩不过我，而且我一直在认真练习。所以，我觉得我可以赢过她。

可是，没想到辩论赛结果居然是张瀚月赢了。我惊讶地张开了嘴巴，感到失望、难过，心想今天的辩论赛我表现挺好，为什么不是我获得特金奖呢？后来我从茜茜老师那里得知，张瀚月准备很充分，每个案例都刻意练习，而且有一个案例她应用得很好，所以她获得了特金奖。

知道了原因，我不再难过。我认为自己很努力练习了，可是别人比我更努力练习。我如果想实现目标，就只有比她更努力，更加刻意地去练习。我怀着积极的心态继续努力，最终，在今年六月获得了梦寐以求的大奖杯。

每个孩子不可能做什么事情第一次就能成功，他们都会遇到失败。孩子失败了，该如何面对，又该如何去做呢？以下这些方法都是孩子们自己通过失败再到成功，然后再失败再成功的经历总结出来的。

第一,接纳情绪,分析复盘

学生叶笑言下围棋很不错,有一次围棋比赛时,他因为状态不好输了几盘棋。妈妈在旁边鼓励他说:"孩子,没有关系,失败了一次,还有下次呢!下次努力就行了。"他却十分不开心,把手里的东西一摔,说:"哼,下个围棋而已,还要让我这么费心,我不下了。"说完就气鼓鼓地走了。

后来,他慢慢想明白了,失败了并不意味着你一定比别人差,失败了也不意味着你永远不会成功。他摆正心态后,认真归因。

这次他参加学校的跳高比赛,就差那么一点点,就能摘夺桂冠了,可是就因为差那么一点点,就和冠军失之交臂了。

当比赛结束后,他想这次就差那么一点点了,真是可恶。他随即调整情绪,开始思考,难道真是只差这么一点点吗?不!是和平时的努力和练习分不开的,台上一分钟,台下十年功!下次我要更加努力的练习,争取再摘夺桂冠。

叶笑言面对两次失败的变化,就是源于他曾经不接纳失败,抗拒失败带来的难受。现在,他接纳了失败,并认真地去寻找失败的内因。

我们作为父母要帮孩子建立正确的认知,失败乃成功之母。孩子会失败很正常,失败后虽然有一点失落、不高兴,但是只要让孩子知道失败是人生必经的一条路,没有失败何来成功,他们便能够接纳失败并冷静下来找失败的原因。

那如何来分析失败的原因呢?

○ 好好想一想是哪个环节出现了问题?是自己努力不够,还是其他的原因。

○ 与父母头脑风暴,看看还有哪些失败的因素是自己没有考虑到的。

○ 根据失败的原因,思考如何才能杜绝这种失败,再次做调整。

当孩子学会坦然面对并愉快接受失败时,孩子又会在这一次经历上,得到属于他内心的成长和历练。而这一种成长和历练是孩子成长道路上最宝贵的财富。因为一切的成长皆来源于心,当孩子的心成长了一分,他就又强大了一分。

第二,积极调整,迎难而上

大家知道达克效应吗?"达克效应"把人的认知分为四个阶段:

第一个阶段是"无意识无能力":愚昧之巅,不知道自己不知道。

对于别人的好心劝学和建议,内心是拒绝的。常常表现为,你说的道理我都懂,你的建议对我没用,我不需要这些知识,你别想说服我。

第二个阶段是"有意识无能力":绝望之谷,知道自己不知道。

常常表现为学习一段时间,打开眼界看世界,认识到自己的不足，智慧有所增长，自信却大幅降低，容易情绪低落，深感自卑，一度自暴自弃。

第三个阶段是"有意识有能力"：开悟之坡，知道自己知道。

认知开始觉醒，慢慢向上爬——积极学习新知识，持续看书或听课，跟厉害的人学，跟有成果的人学，开始把所学应用于实践，将新知识与过去的旧知识体系缝合，长出新的智慧，自信度开始反弹增长。

第四个阶段是"无意识有能力"：持续平稳高原，不知道自己知道。

自信心持续平稳，往智者的方向发展。他们不自我定义、不自我设限、不抗拒变化、不沉溺过去，多元思考人生，始终相信自己有更多机会，持续不断地学习，突破自我极限。

孩子在学习演讲的过程中，都会经历"达克效应"中的绝望之谷，但不一定会经历"达克效应"中的开悟之坡。如果孩子在失败时，他是消极面对，抗拒失败，厌恶失败，他只能走向绝望之谷，以后再一次想爬起来就会更加的难。如果孩子积极地去面对失败、拥抱失败、赞叹失败，哪怕他经历了绝望之谷，也会在积极的心态下走向开悟之坡。

所以，当孩子面对失败的时候，父母一定要帮助孩子调整心情，继续挑战，迎难而上，绝不半途而废，绝不放弃。孩子来到这个世界上，他对这个世界和自己没有完全的认知，很多时候面对失败的态度是源于父母给予的态度。当他感觉到不是一个人在孤军作战时，他会走得更有信心。

第三，感恩失败，成为财富

古往今来，有多少名人、学者、有作为的人都经历过无数次的失败才有如今伟大的成就。运动场上耀眼的运动健儿们，难道说，他们每场比赛都能有如此出色的表现吗？其实，在他们成功的背后，也经历过许多失败，但是他们并不惧怕失败，正因为这些失败，才造就他们如今的成功。

有一位著名的法国作家，取得过许多奖项。而当他一开始写作时，却面临了沉重的打击。他每一次写稿都被报社退了回来，就这样经过了无数次，终于有一天，他成功了，他无比地欣喜。曾有记者采访他时，他只说了一句："感谢曾经的失败。"

张凯威在2021年期中考试中得了83.5分，当他拿到试卷时，他特别自责，自责自己实在太粗心了，只要再细心一点就可以考好了，为什么要那么粗心呢？他心情特别低落，一整天都闷闷不乐。平时每天中午他都会和好朋友一起出去玩儿，但那一天他一个人在走廊里坐了一中午。

回到家后，他和妈妈一起分析为什么会考这么差。首先，整理错题本。他把做错的题都记录下来，以后，当他再错的时候就可以去看，而且也可以避免再次犯同样的错误。

然后，他每隔一个星期就去看一次错题本，做一些跟错题类似的题，然后训练自己举一反三的能力。

最后,他在考试时,再遇到同类型的题,他非常仔细地审题,避免再次错误。通过凯威的三点努力,他仅仅用了两个月就在2021年期末考试中得了97分的好成绩。

失败是孩子走向成功的跳板,失败是孩子成长的养料。失败会无限地滋养孩子,让他的成长变得坚实而有力量。一个没有经历过失败的孩子,他的成功犹如空中楼阁、镜中水月,终有一天会倒塌、会破灭。

练一练:

用费曼学习法将"面对失败的三个锦囊"分享给其他同学。

第 2 章
信心塑造：战胜"上台恐惧症"，树立孩子演讲信心

🎤 培养孩子演讲自信的路上，这三句话一定不能说

> 有自信心的人，可以化渺小为伟大，化平庸为神奇。
>
> ——萧伯纳

上周，我们在课堂上练习演讲话题——我最无法忍受的事情。其他孩子都说完了，溜溜一直没有说话，我说："宝贝，你想好了吗？"

溜溜点点头说："我想好了，可我不敢说，我怕妈妈批评我。"

我安慰说："没关系，你的妈妈很爱你，她不会批评你的。"

于是，溜溜走上舞台说："我最无法忍受的是我妈妈总是看不见我的存在，对其他人都很热情，对我很冷漠。比

如，我妈妈在看手机，其他孩子给她打招呼，她马上会把手机收起来，热情地跟其他孩子打招呼；而我跟她说话，她却看着手机不理我。"溜溜说完后，我看见眼泪在他眼眶里打转。

电影《哪吒之魔童降世》中，哪吒调皮捣蛋是一个混世魔王，人人都害怕他。所有人都忽略了哪吒只是一个渴望拥有玩伴的孩子，哪吒捣乱、搞破坏，只想引起家长的重视；他努力学习道法，拼命追打妖怪，也只是想向父母证明，他也是可以降妖除魔的。哪吒母亲殷夫人一句"你其实也很想得到大家的认可吧"，戳中了哪吒的心。其实，溜溜和哪吒一样，是多么想被认可和被看见。

每个被渴望看见的人，心里都住着一个孤独的小孩。心理咨询师武志红说："生命的本质需求，是渴望被看见。"

所以，在培养孩子演说自信的路上，这三句话一定不能说：

第一句：你看看别人家的孩子，演讲多厉害。

这句话是不是很熟悉？每个人小时候似乎都有被"别人家的孩子"支配的恐惧。很多父母恨铁不成钢，为了激励孩子，总是会拿自己的孩子和别人的孩子比较。出发点是对的，希望孩子能知"耻"而后勇，但这种方法太打击孩子的自信心。

对孩子来说，他会觉得即使我再怎么努力，父母都看不见，那我还努力干什么？

作为父母的我们，可以有三个技巧来解决：

○ 我看见……。比如，孩子，我看见你为了这篇演讲付出了极大努力，我相信你下次可以拿金奖。

○ 我注意到……。比如，孩子，我注意到你在现场为冠军鼓掌，你的格局真宽广。

○ 我听见……。比如，孩子，我听见你对搭档说加油，我想能成为你的搭档好幸福。

第二句：你怎么这么笨？这句话都说不好。

也许，在父母眼里，呵斥孩子两句他会更长记性；打击他两下，他才会更努力学习。然而，正如几米所说："小孩宁愿被仙人掌所伤，也不愿听到大人的冷嘲热讽。"

早早是重庆某小学三年级的学生，一次，我们头脑风暴讨论——小学生，如何学会自信表达？

早早低着头，用脚踢着地板说："我是做不到自信表达的，每次表演，我妈妈总会挑我的不足，总会说我很笨，我想我一定很笨。"

当我听到这里时，心猛的一下疼了，语言带给孩子的伤害，远远比打骂更严重，会让他们记得更深。

第三句：不要顶嘴，一天就知道顶嘴。

当孩子顶嘴时，其实，是在发表自己的意见，表达自己的想法，输出自己的价值观。很多父母会觉得孩子顶嘴时，自己的权威被挑战了，就会大声地呵斥孩子。渐渐孩子就不敢发表自己的观点和想法，久而久之，孩子在演讲时内心就会没有力量，内心没有力量自然没有办法做到自信演讲。

那面对孩子顶嘴时，父母该怎么办？

○ 当孩子顶嘴时，先和孩子积极暂停，彼此冷静一下。冯梦龙说，怒中之言，必有泄露。意思是，人在愤怒中容易情绪失控，情绪失控容易冲动，冲动容易脑子简单，脑子简单容易说出不该说的话。

○ 父母要去觉察孩子顶嘴背后的正向资源。比如，我的孩子内心有力量；我的孩子很有自己的主见；我的孩子对事情很有自己的判断和想法……

○ 当父母和孩子情绪都平静后，和孩子一起探讨他为什么会那么觉得？能说出原因吗？

知名教育专家做过一项调查，分析结果发现：在家里经常被父母责骂、否定的孩子出现性格缺陷的概率最大，有25.7%的孩子"自卑、抑郁"，有22.1%的孩子"冷酷"，有56.5%的孩子经常"暴躁"。往往毁掉孩子的不是网络游戏，而是父母责骂和否定的语言。父母善意温柔的语言可以让人的心更加柔软和坚定,经常得到父母肯定的孩子可能成为一个自信且阳光的人;经常受到父母责备和否定的孩子可能会成为一个自卑且怯懦的人。

练一练:

> 每天对孩子说一句认可的话。

第 3 章

声音训练：给声音"化个妆"，悦耳又动听

第 3 章
声音训练：给声音"化个妆"，悦耳又动听

🎙 三个小练习，助孩子练习标准又正确的发音

> 普通话就像是一双翅膀，有了这双翅膀，孩子们就可以飞出大山，飞出沙漠，飞到外面更广阔的世界里去看一看。这样他们就有了更广阔的视野，也有了更开阔的心胸，能够到更广阔的世界里去实现梦想。
>
> ——全国政协委员、中央广播电视总台主持人海霞

央视主持人康辉老师是非常专业的主持人，我们知道他的普通话是非常标准的，很多国家大型节目都会由康辉来担当主持人，比如，开学第一课、新闻直播间等。然而康辉在上大学的时候，他的普通话却还夹杂着很多的口音，为了能够让自己的普通话变得更好，他含着石头练习普通话。他常常因为含着石子练习普通话，而把嘴里打满血泡，可是他从

未想过要放弃。

最终，凭借刻苦的练习，他有了一口人人羡慕的普通话。因此，他才能成为知名的主持人。

普通话的学习在当今社会是非常重要的，普通话会让彼此的交流更加通畅和明白。有些孩子或许会说："我又不想成为主持人，发音不标准也没关系。"真的没关系吗？

还有孩子说："有些成功人士还夹杂着方言，观众还觉得有特色呢。"其实，这些只是个案，作为新时代的孩子，只有将普通话学好，才能更好地与他人交流。就演讲而言，不要求孩子有播音主持的语音状态，最起码普通话要标准，否则观众很难听得懂你要表达的意思和价值观。

生活中，很多人说话都会受方言影响，让人听不懂其中的意思。

我有一个学生丁丁来自区县，直到上小学才来到城里上学，他和人交流的时候都是用的四川普通话（川普）。有一次，放学下雨了，他用川普对同学说："同学，把你的撑花（雨伞）借我打（撑）一哈，可以吗？"

同学听完一脸懵，完全听不懂丁丁在说什么。直到老师过来才知道，他表达的是，同学把你的伞借我用一下，可以吗？

从那以后，丁丁下定决心好好学习普通话，现在经过一

第 3 章
声音训练：给声音"化个妆"，悦耳又动听

年的学习，他已经成为班上的领读员了。

是啊！普通话对于孩子的日常交流也是非常重要的。普通话的学习也不是一朝一夕可以完成的，需要用正确的方法进行持之以恒的练习。

1. 大声练习

作为父母我们一定要清楚普通话是练会的，不是听会的。孩子只有下功夫练习，普通话才会越来越好。在练习普通话的时候，很多孩子都愿意默默地读，或者小声地读，这样并不能达到很好的效果。我们一定要大声地朗读出来，才能更加清晰地知道自己的发音是否准确。就像李阳的疯狂英语一样，采用的就是大声朗读的方法，从而让孩子英语更加标准。

那如何让孩子愿意大声朗读呢？三个小秘诀分享给各位父母。

○ 意识的引导。让孩子自己意识到大声朗读的好处，只要孩子意识一变，行为便会发生很大的改变。

○ 看见孩子的每一小点进步。大声朗读对孩子来说是一片未知的领域，他在做的时候会有一些忐忑和不安，父母能看见孩子的点滴进步，并给予认可和表扬，会让孩子更加愿意大声朗读。

○ 每个月复盘一次。复盘时着重认可孩子做得好的地方，让他继续发扬。切记，在认可之后，不要加但是，只要加了"但是"孩子就会觉得是在被批评，那这次复盘的意义就会大打折扣。父母可以把"但是"改成"妈妈给你一个反馈"。

2. 跟读新闻

有些家长会说："如果只是练习，没有正确发音的参考，也是不能练好普通话的。"说得对，只是单纯地练习是不够的，还需要有标准普通话作为参考。放眼中国，最标准的普通话都集中在央视了，所以，当孩子们已经做到能大声朗读的时候，可以每天晚上7点跟着《新闻联播》进行跟读。

前期，孩子可能不太跟得上，就可以听新闻磨耳朵，训练孩子的语感。给孩子时间，让孩子按照自己的节奏去跟读新闻。

3. 听自己的录音

父母可以帮助孩子将他读的一段文章录下来，然后让孩子听一听哪里需要加强，然后在纸上写出来，进行重点练习。也可以告诉孩子："宝贝，现在妈妈来听，当妈妈指出错误时，你要虚心接受，可以吗？"同时，父母在提意见的时候要用帮助的语气，不是批评的语气。

有些字和词孩子会常常读错，其实孩子心里知道怎读,就是嘴上总是读错。很多孩子因语速过快而影响普通话的质量,让人听不清说的什么。遇到这样的问题,我们可以采取让孩子适时减缓说话的速度,将字和词读规范的方法。

练一练:

大声朗读一篇课文,或者大声跟读一段新闻。

孩子一学就会的实战 演说课

🎤 掌握呼吸方法，让声音洪亮又具有穿透力

> 声音能引起心灵的共鸣。
>
> ——威·柯珀

嗓子是演讲者的创作工具，正确的用气发声是演讲者必备的技能。如果孩子要进行长达 40 分钟的演讲，却因为不会用正确的呼吸方法，导致演讲终结，真是一件特别遗憾的事情。

正确运用呼吸是每位演讲者应勤于练习的一项专业基本功。由于发声条件不同，每个孩子的声音都有自己的个性和特色。我们要在孩子发声条件的基础上发挥所长、克服所短，扩展发声能力，用呼吸找到自己最好、最舒服的声音，而不能去盲目模仿、追求某种自以为美的声音。

第3章

声音训练：给声音"化个妆"，悦耳又动听

很多父母会问："为什么我们一定要让孩子学呼吸，不学难道就不能把演讲学好吗？"

就像美图秀秀可以把素颜的我们修饰得更好看一样，正确的呼吸方法则可以让孩子的声音更悦耳，让观众更愿意听孩子的表达。试想一下，孩子的演讲很精彩，可是观众就是不喜欢听，会是一件多么尴尬的事情。所以，学好呼吸是每一位孩子都应该做的事情。

我们要让孩子掌握胸腹式联合呼吸法，用呼吸推动声带震颤发出声音。用"吹气球"来解释胸腹联合呼吸。如果把肺部比喻为气球，这个气球在勤奋地工作，不停地充满气体而后又排出气体。胸腹联合式呼吸动用了胸腔前后左右的力量，不仅让肺部这个"气球"充满了气体，气息吸得深了，还使得"气球"周围的力量均衡对抗，"气球"一点点往外撒气。

如果你想把孩子培养成专业的演讲者，则需要请专业的老师来教，如果只是想让孩子的呼吸更加通透顺畅，以下这几个技巧非常实用。

那如何教会孩子吸气呢？在做吸气练习时，保持良好的精神状态，肩胸放松是很重要的，要做到"兴奋从容两肋开，不觉吸气气自来"。可以通过以下方法来体会：

1. 闻花

为孩子准备一支香水百合，让孩子闭上眼睛闻一闻是什么花的味儿呢？此时，气会吸得深入、自然，父母把手放在孩子的肋骨上，会感受到孩子的肋骨撑开。

2. 调整意念

让孩子闭上眼睛，调整意念，感觉气是从全身的毛细孔吸入体内的。父母也可以把手放在孩子的肋骨上，会感受到孩子的两肋较充分地展开。

3. "半打"哈欠

让孩子不张大嘴地打哈欠，当打哈欠进行到最后一刻的时候停下来，让孩子感受最后一刻的感觉，此时的感觉，和胸腹联合呼吸时吸气的感觉是一样的。父母可以把手放在孩子的腰部，会感受到孩子腰部充分展开的感觉。

以上就是吸气的方式方法，如果孩子尝试了还是没有找到吸气的感觉，这里有一个彩蛋分享给各位爱学习的父母，那就是"马桶法"。什么是马桶法呢？就是让孩子坐在马桶上，想象自己解大便时吸气的感觉，这个感觉也和胸腹式联合呼吸法是一样的。

记得有一天早上8点左右，我接到一个孩子的电话，他在电话那头兴奋地对我说："茜茜老师，我在马桶上找到气息啦！"

后来，孩子妈妈分享说，那天孩子给我打电话的时候，正光着屁股坐在马桶上。想到这里我忍不住笑了，真是个可爱又认真的宝贝。

分享完了如何吸气的方法,接下来分享一下如何呼气。

做呼气练习时心里应自然松弛,不能为了延长使用时间而憋气、紧喉(喉咙紧张),整个吸气的过程中吸至八成满……

1. 喊阿毛

吸气到八成满时,发出"阿毛"的延长音。此时,孩子要想象阿毛在对面房子的楼上,父母可以将双手放在孩子的腰部,会感受到孩子的腰部有没有用力。如果用力了就是对的,如果没有用力还需要继续练习。

2. 数葫芦

吸气到八成满时,开始数葫芦。孩子要清晰地发出"一口气数不了二十个葫芦、一个葫芦、两个葫芦、三个葫芦……二十四个葫芦。"孩子最开始数不到24个葫芦,此时,家长一定要给予孩子认可和支持。

3. 说古诗

吸气到八成满时,开始说一句古诗,通过古诗训练的方法,让孩子掌握气息的运用。最开始可以一口气说一句古诗,然后慢慢逐步递增。目前,孩子最多一口气说两句古诗,不然孩子就会出现紧喉和憋气的现象。

孩子一学就会的实战 演说课

大风歌

刘邦

大风起兮云飞扬,

威加海内兮归故乡,

安得猛士兮守四方?

"工欲善其事,必先利其器!"父母可以让孩子每天花5分钟的时间进行呼吸的练习,让孩子在演讲时气息更稳、更持久、更自如,便于孩子灵活地控制气息。

练一练:

用气息朗读一首古诗给父母听。

让孩子声音富有张力和变化的三个技巧

> 一个人的声音是具有塑造性的。
>
> ——播音主持教材

很多家长都问我:"茜茜老师,孩子的声音没有张力和变化,他可以把演讲学好吗?""这个问题很有意思,我每次遇到这样的问题,都回答:'声音的张力和变化是一种技巧,而一切的技巧都是通过爱的滋养、正确的方法、重复的练习、及时的反馈来真正掌握的。'"

大作家林老师最开始写东西时,写的内容虽然很丰富,但不少是辛酸的文字,让人看后心情不好。林老师的妈妈觉得他应该多写正面的、积极的内容,于是对他说:"儿子,人的生命中最重要的东西是要滋润心灵,不断地追求人生更

孩子一学就会的实战 演说课

高的境界,要把快乐、阳光跟有缘人一起分享。写东西一定要写幸福快乐的事情,让别人跟你一起幸福快乐。"

就这样,林老师开始尝试写滋润心灵的内容。写着写着,有时会不明白,他会问母亲,说:"为什么要多写滋润心灵的东西呢?"

母亲解释说:"辛酸的内容少写点,别人来看你的文章,那么痛苦、那么辛酸,读完了就走到窗边想跳下去,那你当一个作家有什么意义?辛酸的事情你用棉被盖住哭下就好了。别人来看你的文章,是希望在你的文章里得到安慰,得到启发,得到开心,得到人生的希望。"

后来,林老师又不断地写,不断地练习,不断得到妈妈的反馈,最后,他写的文章很阳光、很正面,被称为"心灵导师",出版了一百多部著作,得过很多文学奖。

写作如此,演讲中技巧的学习亦如此,需要不断说、不断地练习、不断地反馈。孩子要成为一个优秀的演讲者,那在演讲过程中所使用的语速与音量都不是一成不变的,孩子的声音富有节奏、富有变化会增强演讲的表现力。

比如,说到兴奋的地方,语速可以加快;说到沉重的地方,语速可以放缓;需要强调某个观点时,可以提高音量……

下面我们来看一段《我是演说家》中梁植的演讲:

"很多美国的主流媒体,在它的门户网上刊登文章,抨击《舌尖上的中国二》说,这是中国人用纪录片的方式输出

第3章

声音训练：给声音"化个妆"，悦耳又动听

他们的政治理想和抱负。我当时就傻了，我就纳了闷儿了，你们一帮吃汉堡包的命，为什么要操我们满汉全席的心。"梁植在这里把"你们吃汉堡包的命，为什么要操我们吃满汉全席的心"这句话停顿了一下，加以强调。

接着他又用非常有力量的声音讲述了背后的深刻原因："其实，这里面有比文化更深刻的原因……"

在梁植的这一段演讲中，他时而停顿，时而快速；时而高亢，时而低沉。观众随着他的声音变化而情绪起伏，让观众全身毛孔都张开了。

梁植用自己的声音变化和张力，达到了演讲的最佳效果。同样地，林肯在声音的张力和变化上也很有心得，他一生发表了无数的演讲，他的演讲掷地有声，成为很多人学习的典范。

林肯在国家生死存亡之际所发表的演说引起了强烈的反响与关注。在葛底斯堡演讲中，林肯戴上眼镜，仅仅用了2分57秒，用一段发自内心的声音进行了一场《为什么战争的灾难还要继续下去？》的演讲。

在演讲过程中，当有需要强调的词句时，林肯就会拖长声音，一字一句地说出来。比如，说到"民有、民治、民享"时，林肯就是这样做的；不需要强调的词句，他通常会快速地说完。

所以，孩子在演讲时，说话的节奏可以使得层次分明，观众更容易被吸引；孩子在演讲时，要注意停顿，这样可以强化声音的变化,让语言更有层次感。

那作为父母,我们如何帮助孩子训练声音的变化和张力呢?以下分享三个小方法。

1. 声音高低

孩子在演讲中,声音的高低有一定的规律。在强调重点的时候,声音可以相应提高,当一段陈述接近尾声时,声音会相应降低;在开场的时候,声音可以提高,让观众感受到孩子的热情;在讲故事时,声音可以相应降低,让孩子讲故事更有讲述感;励志演讲结尾时,可以提高音量,配合内在情感一起加强力量感。

孩子在演讲时,要注意声音的起伏,要运用不同的声音给演讲带来节奏感。声音高低的规则一般是统一的,在统一的基础上,可以有小的调整,但不建议太出挑,避免给人不自然的感觉。

2. 声音停顿

孩子在演讲中,讲述重点内容时,可以适当留出几秒钟的停顿时间,让观众去思考和回味。尤其是当演讲涉及提问环节时,一定要留出足够的时间让观众思考,而不是抛出问题后,立刻给出答案。

孩子大胆停顿会有三个好处:
○ 会让观众有更多时间可以思考。
○ 会让观众感受到孩子的从容自信。

○ 会让演讲的重点得到更好的强调。

一般，一篇 5 分钟的演讲停顿不要超过 5 次，过多则会使整篇演讲很散，过少则起不到强调的效果。

3. 控制语速

《我是演说家》导师张卫健在演讲《说话改变命运》时，对于语速的拿捏非常到位。他用正常的语速讲述故事，却用极慢的语速阐述标题或重要信息，这样做就是让观众理解并记住重点。

很多孩子，平时说话不是很快，可是一面对人群，语速就不自觉地加快，恨不得赶快讲完。其实，这是紧张导致的，一些孩子在紧张状态下会说不出话来，而一些孩子则会加快语速。

在演讲时，语速的控制非常重要。语速太快，给人不自信、焦虑之感，还会因为语速快、吐词含糊不清而影响观众的接收效果；语速过慢，给人沉闷、死气沉沉之感，会让人不愿意跟孩子沟通。央视新闻主持人说话一分钟 300 字左右，普通人说话一分钟 200 字左右，而孩子演讲时，说话保持在 160 字左右就可以了。

练一练：

在班级上读一篇课文，并处理好语速的快慢、声音停顿、声音高低。

如何让孩子的声音听起来舒服且有感染力？

> 一个有感染力的人，自然是在平常与人交流时，给人一种大方得体，让人不自主想倾听，不自主地相信他的感觉。
>
> ——知名博主

我们来想一下，孩子走上舞台，拿起麦克风讲一个励志的演讲话题，可是，讲完不仅仅没有收到观众热烈的掌声，还在一片唏嘘声中走下舞台，你会怎么做？

我们再来想一下，孩子走上舞台，去分享自己的热爱、自己的梦想，当他分享完后，观众反馈说："为什么他的演讲像背书？"你又会怎么做？

我们再来想一下，你的孩子走上舞台，想去分享坚持是什么？可是，他却没有一件坚持的事情，你觉得孩子会分享得如何？可能是眼神闪躲、毫无底气，可能是内心惶恐、语言无力。

那么，作为父母的我们如何来帮助孩子摆脱这样的困境呢？如何让孩子成为一个说话舒服且具有感染力的演讲者呢？

1. 发心，声音更舒服

我们要让孩子明白演讲不是为了炫耀自己的成绩、能力有多厉害，而是为了帮助他人成为更好的自己。发心不一样，孩子演讲时的状态、语气和浑身散发出来的能量场就会完全不一样。

为什么要调整孩子的发心？如果孩子带着炫耀的发心去演讲，比他厉害的人会说，有什么好牛的，我比你更厉害；跟孩子一样厉害的人会说，我也很牛，你的演讲没有价值；比孩子差的人会说，你除了炫耀还会什么。所以，当孩子在分享自己的成绩时，落点一定要落在帮助他人上。这样，会让观众喜欢听孩子的分享，这样的分享会让孩子的声音、语气、状态都给观众很舒服的感受。

宋宋在2021年获得全国第十八届"未来之星"全国特长生特金奖，她回来做分享说：

如果说这一次比赛要做一些方法论的分享，大家一定要做这几件事。

○ 刻苦练习。

只有不断的练习，才能看到自己的缺点，一遍不行练十遍，十遍不行二十遍，甚至一百遍……慢慢地，你就会发现自己的缺点,从而进行调整。

○ 及时反馈。

及时反馈会带给你意想不到的收获,只有反馈,才知道哪里做得不对,应该怎么做,及时指正每一个细节,并及时地改正,避免毫无目的的学习。重视别人所做的评价,认真总结自己的优缺点,明确自己的努力方向,成功时不骄傲,不理想时不沮丧。

○ 认真复盘。

通过复盘,当某种熟悉的类似的局面出现在你面前的时候,你往往能够知道自己将如何去应对,不仅可以对自己的失败和成功复盘,还可以对别人的经历进行复盘,并提出改进措施为自己今后总结经验和教训。

当宋宋带着帮助他人的发心分享完自己获得全国特金奖的感受时,得到了所有人的好评和认可。

2. 热爱,让声音有感染力

我有一件很害怕的事情,就是孩子拿着父母写的演讲稿读给我听,里面很多的词语、句子、思想和价值观都是父母的,孩子根本无法理解,无法跟文字产生强大的连接,只能毫无内在感受地干巴巴地读出来。

作为父母一定要清楚,想让孩子的声音具有感染力不是只有外在的声音高低、强弱变化就好了，更重要的是注重内在的调整。就如伏尔泰所说，外表的美只能取悦于人的眼睛，而内在的美却能感染人的灵魂。演讲亦是如此，外在的声音只能让观众觉得技巧不错，内在的声音会让观众觉得全身的细胞被点燃。

马语浛非常喜欢演讲。她在二年级的时候，想去竞选班长这个职位，我对她说："宝贝，你的竞选稿一定要自己写，只要你把心里对班长这个职位的热爱倾注在你的稿子上，你就一定能成为班长。"

后来，孩子向我宣布好消息，说："茜茜老师，你知道吗？竞选班长那天，我是第一个上台的，虽然有些小紧张，但是我信心十足，我带着真诚和热爱，用在语言班学习到的技巧，进行了演说。我慷慨激昂的演讲，引起了同学们热烈的掌声和赞同，最终成功竞选上了班长。后来，同学们还告诉我说，马语浛你的演讲好有感染力。"

那如何让孩子的声音具有感染力？有哪些具体可以实操的方法吗？

○ **源自内心的热爱。**

父母可以寻找到孩子热爱的事情，然后通过他热爱的事情来开启他的演说分享，这样孩子说出来的文字和声音就会特别有感染力。

○ 真实经历的事情。

俞老师是一位演讲非常有感染力的演讲者，他历经了三次高考失利，最终考入北大，毕业后选择留校任职；后来，出国留学受到国家鼓励后，俞老师离开北大，创办了一家教育培训学校；当这家机构如日中天时，遇到了国家的"双减政策"，俞老师不仅全额退学员学费，还把学校的桌椅都捐给了贫困小学。

俞老师的演讲为什么感染力强，是因为他所有讲的故事都是自己经历的事情，这些故事从他嘴里讲出来是有生命的。

○ 内心真实的思想。

威·柯珀说，声音能引起心灵的共鸣。而心灵和真实思想的碰撞能发出这个世界上最具有感染力的声音。

想让孩子的声音具有感染力就要让孩子内外兼修：内在去寻找自己的热爱、真实的经历和内心真实的想法，外在去练习声音的高低变化、强弱变化和语速的控制。

练一练：

问孩子他最热爱的事情是什么？为什么热爱？鼓励他勇敢表达出来。

方法篇

助孩子掌握演讲方法与技巧,
成为超级演说家

第 4 章

演讲技巧：掌握五大技巧，演讲变得引人入胜

教孩子掌握开场白技巧,给演讲一个好的开头

> 最难的是开场白,就是第一句话,如同在音乐上一样,全曲的音调,都是它给予的。
>
> ——俄国大文学家高尔基

好的演讲都有一个特质,就是开场能够快速吸引观众的注意力,中场有符合主题的故事,结尾能总结并升华。

2014年5月24日,《开讲啦》迎来了一位嘉宾。在主持人的介绍下,身着中山装的嘉宾步伐稳健地走上演讲台,与主持人寒暄几句后,题为《这是我的选择》的演讲正式开始:

非常感谢大家的欢迎,但我得实事求是地说,我很不情愿站在这个讲台(这句话说完,很多观众都露出了愕然的表情),因为我很怕来到这里,又被贴上一个叫"青年导师"的标签。我身上标签够多的了,用得最多的是"学术超

男",我真的不想再贴上一个标签叫"青年导师"。我今天来只是想和青年朋友们在一起探讨、交流、分享,如果说有导师的话,我希望你们也同时是我的导师,我们互为导师。

开场白结束,台下响起了热烈的掌声。

嘉宾这几句简简单单的开场白就赢得了观众的掌声。他开头的那句"我很不情愿站在这个讲台"一下子就吸引了观众的注意,制造了一个小悬念。演讲最重要的就是开头,开头足够吸引人,接下来的演讲就会顺利很多。

我想问一下,在吃水果时,如果第一口又酸又涩,你还会继续吃吗?肯定不会。演讲就好比是让观众吃水果,开场白就是至关重要的第一口。一开始就没有说好,就会给观众留下一个不好的印象,进而失去了继续听的兴趣。毫无疑问,这对演讲很不利。对于演讲来说,一个好的开头就是成功的一半。通常前几句话,甚至是开口的第一句,就直接影响了演讲的效果。

要想让孩子的开场白达到一鸣惊人的效果,就要明白开场白有什么样的重要作用。

其实,想让孩子掌握良好的开场方法,没有那么难,以下六个方法分享给孩子,让孩子一开口就能牢牢抓住观众。

1. 热点开场法

热点开场法就是用当下发生的热点新闻作为一篇演讲的开场,先把热点新闻讲一遍,再提出自己的演讲主题。

大家好,我是常豆豆。刚刚我在妈妈的手机上看到一则新闻说,现在拐卖儿童的人很多。当看到这条新闻时,我特别想跟大家分享《作为儿童,我们应该如何保护自己?》。

父母在为孩子选择热点新闻时要注意两点:
○ 选择的新闻材料要有说服力,最好是出自官方,百度热搜就是关注新闻的好去处。
○ 最好是最近发生的新闻事件,这样会更有代入感,不需要过多的解释。

2. 感恩开场法

感恩开场法就是在孩子演讲开场第一句话表达对老师、父母的感恩,会让观众觉得孩子是一个感恩的人,他们会更愿意听孩子的演讲。同时,被孩子感恩到的人会非常开心,而且在公开场合表达感恩会让被感恩者的愉悦度上升十倍,乃至百倍。

大家好,我是豆豆。感恩我的老师给予了我这个机会,让我今天能够站在舞台上分享我的故事,老师,谢谢您;感恩我的妈妈,在我每一次面对困难时,都给予我帮助,让我更有信心面对困难。妈妈,谢谢您!

正是因为有了老师给予的机会,妈妈给予的帮助,今天我才能站上舞台分享《小学生,如何面对失败?》。

3. 故事开场法

故事开场法就是孩子用故事讲一段开场白,这个故事要贴近生活,时长最好不要超过1分钟。李思呈是二年级的学生,他上周对我说:"茜茜老师,我们都喜欢听故事,不喜欢听道理。"是的!每个人都喜欢听故事,所以故事开场法可以快速吸引观众的注意力。

美国前总统奥巴马是讲故事的高手,他常常在开场时用故事开场法。

有一次,奥巴马在演讲时说,今天我在出门时,我的女儿抱住我的大腿说……

高手在演讲时,都是特别善于讲故事的,所以,我们可以让孩子学会故事开场法。用故事开场法有一个很重要的注意点,就是开场的故事要和主题息息相关。

4. 赞美开场法

赞美开场法适用于任何场合。孩子可以赞美现场的观众,或者赞美跟演讲相关的某个人。

作家马老师就是一个善于赞美他人的人。2020年马老师来重庆做新书签售会,上场他就说:"都说重庆人很热情,我刚刚还没有上场就感受到了重庆人的热情。"

马老师话刚说完,现场就响起了雷鸣般的掌声。

孩子使用赞美法有三个小技巧：

○ **赞美一定要具体到一件事，而不是冠冕堂皇的官方话语。** 比如，我看见你帮同学很认真地讲题，你真是一位乐于助人的孩子。

○ **尽量赞美小事，因为小事才能在小篇幅内完成。** 赞美大事在短时间内传递不出力量感，缺少铺垫。比如，我注意到你每天都会在学校把作业完成，你真的是一位自律的孩子。

○ **赞美的事尽量是大家不太容易关注的。** 比如，孩子参加这次比赛，老师利用自己的休息时间为孩子辅导等。要让孩子学会赞美大家意想不到的事情，就一定要用心观察才可以。

5. 提问开场法

每个孩子都有好奇心，当孩子听到演讲者在台上发问时，脑海里会不自觉地去思考问题的答案。所以，在开场就提出一个问题，既可以顺利地开始演讲，又能集中观众的注意力。

《超级演说家第二季》冠军在一次演讲中说：在这段演讲开始以前，我先问大家几个问题：

你们中间有谁，感觉自己是家境一般，甚至出身贫困，未来想要出类拔萃只能靠自己？

接着他又问了大家一个问题:

你们中间又有谁感觉自己是有钱人家的小孩,最少奋斗的时候能够从父亲母亲那边获得一点助力?

我发现,用提问的方式开场,先让观众回答,再给出我们的答案,会比他直接给出答案的效果更好。

当然,问题可以由观众回答,也可以是自问自答,还可以问了不答。但一定要注意的是,孩子在提问时,他的问题一定要符合主题,不然就会适得其反。

6. 道具开场法

开场时,孩子可以用一个道具来吸引观众的注意力。道具最好是小的物品,比如,书、眼镜、笔、树叶等。

我有一个学生叫尧尧,她在参加"第四届少年演说家大赛"时,就是用的道具法。

> 大家好,我叫尧尧。你们看我手里拿的是什么?(这时她缓缓把手里的书高高举过头顶)同学们大声地说:"是书,《小狗钱钱》的书。"尧尧接着说,是的!这是一本书。这本书让我知道了如何管理自己的零花钱,也让我爱上了阅读。所以,今天我想跟大家分享《如何爱上阅读?》。

演讲开场的方法还有很多,以上六种开场方法是笔者在

孩子一学就会的实战 演说课

实战过程中发现的孩子们最喜欢、最常用的方法。这些开场方法还可以组合起来用，比如，道具法和提问法一起用；热点法和提问法一起用。这样的效果比只用一个方法会更好。

练一练：

用热点法来做一篇演讲的开场。

第 4 章
演讲技巧：掌握五大技巧，演讲变得引人入胜

🎤 三个方法，让孩子轻松抓住观众的注意力

> 孩子的注意力像一只极易受惊的小鸟，当你想接近它的时候，它马上就会从巢里飞走。
>
> ——苏联教育家苏霍姆林斯基

从这句话我们可以看得出孩子的注意力是非常容易被带跑的，所以当我们的孩子在演讲时，面对观众注意力稀缺的问题时该怎么解决呢？首先，我们一定要清楚地知道注意力稀缺是一件普遍存在的事情。然后，再来寻找可以解决的方式方法。

以下是几个在实际演讲过程中总结的比较有效的方法。

1. 走动法

走动法就是在演讲过程中，在全场有节奏地走动起来。切记走动法不是为了走动而走动，是为了吸引观众注意力而

走动。一般可以走到那些注意力不太集中的孩子面前，就像老师看见孩子没有听讲就走到学生面前去一样。

青年演讲家许晋杭就是一位特别擅长用走动法的演讲者。他每一次做演讲时，都会运用走动法，边走边说，走到注意力没在他身上的观众面前，站在他面前做演讲，看见观众的注意力回来了，就继续运用走动法回到舞台上。

我将走动法教给孩子后，发现依然有很多孩子做不到，他们依然只站在舞台上演讲。后来，经过分析，才发现他们不敢用走动法的原因有以下三个：

○ 心里害怕，怕自己一走动气场就没有了。
○ 害怕别人的评价。
○ 担心自己走路姿势不好看。

一切技巧皆是可以练习的，前期孩子的走姿确实会不太好看，只要通过练习，就会变得自然大气。在孩子运用走动法时，切忌全场乱晃。一般一场 5 分钟的演讲，走动的距离不要超过前三排。

2. 稀缺性

在这信息爆炸的时代，我们想要的信息都可以从网上搜索到，所以，孩子在演讲时，想要在演讲中抓住观众的注意力，就要注意内容的稀缺性。

这三个小技巧可以多用：

○ 我从来没有讲过。

当孩子在分享一个方法论时，可以说，这个方法论在这个舞台上我从来没有讲过。这时，观众的注意力就会快速集中起来，生怕听漏了这个重要的知识点。

○ 我只讲一次。

我在课堂上讲解"黄金圈"的演说技巧时，会说，这个知识点我只讲一次，我发现所有孩子的眼睛都聚精会神地盯着我。正是因为我掌握了如何制造稀缺性，所以才能快速抓住孩子的注意力。

○ 独家分享。

我们在报纸上常常会看见"独家报道"这样的文字，90%的人看见这样的文字都会忍不住打开看一下，这也是运用稀缺性的底层逻辑。因此，孩子在演讲上也可以常用这句话。

大作家马老师，有一次在重庆的读者见面会上分享说："写《长安十二时辰》背后有一个我从来也没有讲过的故事。"现场观众本来是靠在椅子上的，听到这句话，80%的观众坐直了身体，一脸好奇地看着马伯庸老师。

3. 音乐法

晋杭老师做过一个实验，在演讲内容一模一样的情况下，

孩子一学就会的实战 演说课

第一遍没有配音乐,第二遍配有音乐。当两遍演讲结束后采访观众,观众普遍认为,配有音乐的演讲感受更好。所以,孩子演讲时利用好音乐的魅力,是可以增强观众的注意力的。

那如何插入音乐呢?很多父母说:"从头到尾都要配音乐,一首曲子就好了。"其实,演讲是不需要全程配乐的。我们只需要在一些特定的节点插入音乐就可以了。

在演讲中,可以插入音乐的节点有很多。演讲开始时,或者中间讲到某些感动或兴奋的点时,都可以穿插一些符合情景的背景音乐。利用音乐调动观众的听觉神经,大家的注意力就会被吸引到演讲上。

孩子的演讲常常以励志演讲和亲情演讲为主。励志演讲可以在讲故事时插入《专属回忆》这首轻音乐,需要注意的是,声音可以由小慢慢变大。励志演讲结尾处常常会有呼吁和强调,可以用力量感很强的音乐,建议用《征服天堂》,这首音乐要配合孩子的演讲内容和演讲状态逐步推大音量,并在结束后多放 3 到 5 秒。

练一练:

用走动法进行一篇演讲。

第 4 章

演讲技巧：掌握五大技巧，演讲变得引人入胜

🎤 教孩子一开口就先声夺人，瞬间气场爆满

> 好的开始是成功的一半。
>
> ——柏拉图

演讲者上台的第一件事就是做自我介绍，而在从教的十三年中，每次孩子上台做自我介绍都是说自己的姓名、年龄、爱好、梦想等。

大家好，我是唐欢，我今年 9 岁了，我的爱好是唱歌、跳舞和画画。我的梦想是成为一名像康辉一样优秀的主持人。谢谢大家！

这样的自我介绍一抓一大把，没有办法一开口就先声夺人，让观众在茫茫人海中记住你。

下面，我分享几个在演讲中先声夺人的方法。

1. 词语法

自我介绍中最不能少的就是孩子的名字。很多孩子上台演讲时，都会紧张到忘记名字，导致最后观众也不知道他叫什么。词语法就是用孩子的名字来组词，进行自我介绍，这样可以让观众很快记住孩子的名字。

大家好，我是满意，满意的满，满意的意，希望大家见到我很满意。

当满意在舞台上说完自己的名字时，全场响起了热烈的掌声。如果孩子的名字没有办法一起说，还可以分开组词。

大家好，我是王小千。王是王者归来的王，小是大大小小的小，千是大千世界的千，我就是来自大千世界的王小千。

2. 诗词法

诗词法最重要的是要押韵。前一句古诗的最后一个字，要和你的名字最后一个字的韵一样。

有名的相声演员郭德纲就用过诗词法做自我介绍。在一次当众讲话时，郭德纲开口先说了一句诗，"床前明月光"。讲完了这一句，他停顿了一下，大家都等着他说下一句，然后他开口说:"我是郭德纲!"

瞬间,全场爆发出了笑声和掌声。我的学生也用过这样的方法做自我介绍。

她说:"春眠不觉晓,我叫王誉晓。"

在她说完时,全班同学都在第一时间记住了她。

这个方法特别适用于孩子去到一个新的班级和环境里做自我介绍,会让别人瞬间记住你。

3. MTV 介绍法

MTV 介绍法是非常适合用于孩子在公开演讲中做自我介绍的方法。

M 就是 me,代表我是谁。

T 就是 thing,代表我做过什么事。

V 就是 value,代表我能带给你怎样的价值。

为什么孩子要用 MTV 这个结构呢?

因为在演讲台上,很多人和孩子是初次认识。所以,让观众迅速知道认识孩子对他有什么帮助,就显得非常重要。现在,我们来看看一位孩子的实操。

第一步,M,我是谁。

我是肖瑶,我是一名学演讲的小学生。

第二步，T，我做过什么事。

我可以独自完成一篇演讲稿的撰写，上次参加"未来演说家盛典"的演说稿就是我自己完成的。

第三步，V，我能带给你怎样的价值。

如果你也想自己完成演讲稿，可以和我成为朋友，我愿意把写演讲稿的底层逻辑分享给你。

要注意的是每个孩子都有很多擅长的事情，要在不同的场合去说不同的自我介绍。比如，孩子阅读很厉害，可以在阅读的圈子里讲这个自我介绍，千万不要去运动的圈子里讲阅读的自我介绍。

所以，父母可以和孩子一起准备三到五个自我介绍，教孩子在任何场合都可以先声夺人。自我介绍的目的不仅仅是让人家知道孩子，更要让人家记住孩子。

练一练：

用 MTV 法做一个自我介绍。

第 4 章
演讲技巧：掌握五大技巧，演讲变得引人入胜

🎤 有好开头更要有好结尾，教孩子演讲结尾拥有"峰终定律"

> 生活不是我们活过的日子，而是我们记住的日子。
>
> ——1982 年诺贝尔文学奖得主加西亚·马尔克斯

心理学家丹尼尔·卡尼曼提出"峰终定律"，并因此获得 2002 年诺贝尔经济学奖。峰终定律是指我们对某件事或某个人的看法，与过程中极限和结束时的感觉有关。这个定律也说明了，孩子对高兴或痛苦的持续时间并不敏感，而对高兴或痛苦的峰值和结束时的状态有关。

演讲也是如此，无论孩子前面讲得多一般，只要结尾时让观众喜欢，就可以获得高分。有父母说，难道只要结尾好就可以了吗？当然不是，开场、中场和结尾都好才是更棒的事情。

以下有几个常用的方法分享给孩子运用。

1. 想象法

在演讲结尾说:"让我们一起来想象一下……",让观众根据演讲者的描述来进行想象。

中国一位优秀的演讲者,在一次给家长的讲座中说:"让我们一起来想象一下,20年后,你的孩子实现了自己的梦想,全国媒体都来采访他,让他分享一下他是如何实现自己的梦想的。他落落大方地站在镜头前,脸上洋溢着自信的微笑,用得体的语言说:'感谢我的妈妈从小就培养我公众表达的能力,不然,今天我都不知道如何来分享自己实现梦想的过程。'……"

想象法可以多用在讲励志类话题的结尾,可以唤醒观众对于自己的梦想、奋斗和目标的渴望。

2. 总结法

总结法适合用在孩子干货类的演讲中。总结法就是在演讲结尾的部分,把演讲的重点用简洁的语言概括一遍,帮助观众理解和消化。我做过研究,同样是做一篇干货类的演讲,在结尾处是否梳理了重点,观众的好评度是不同的。

当孩子运用总结法,在结尾处与观众一起梳理重点时,观众对重点的印象就会加深,从而提升对演讲的好感。

孩子可以在结尾说:"下面,我们一起来复盘一下今天分享的重点……"

刘鸿霖是三年级的学生,他做过一篇干货文的演讲,结尾就是用的总结法。

大家好,我是刘鸿霖。上一位演说家说道:要想拉近双方关系,就要关注对方的优点,多去肯定他。他讲得太好了,我非常同意他的观点,我也是这样认为的。

受他的启发,我今天想跟大家分享《如何让双方关系拉得越来越近?》

我有三个法宝分享给大家:

○ 共同点。

每个人都喜欢和自己有共同点的人。

我和我的朋友源哥都喜欢运动。有一次,我们去玩儿飞越丛林,我们一起玩黑线和红线,一上线我就发现他特别灵敏,虽然关卡很难,但是他很快就通过了。特别是有一关走钢丝,他健步如飞,丝毫没有害怕。正因为我们有共同的运动爱好,所以我们常常一起玩儿,我俩是最好的哥们。

○ 在背后说人好话。

背后说人好话时要有理有据,把话说到对方的心里去。我还是举我的好朋友源哥的事例。

有一次,我在上演讲课的时候,夸源哥特别喜欢看书,为什么我要这样夸他呢？因为每天下课，都会看见他在看书。

他喜欢看历史类的书，书为他的课间生活增添了很多的色彩。听说，他的家里有好几柜子的书呢，其中还包括一些很难懂的书。

他还给我分享了很多历史故事，让我身临其境。他就像一个历史讲解员一样，给我仔细讲解很多有关历史的东西。

○ 关注对方优点。

多关注对方的优点，彼此才能够相处得更加愉快。

就在七色豆演讲班下课的时候，我看到走过来一位姐姐。我说："姐姐，你的小熊衣服太好看了，上面还有花纹呢！"

她对我说："是吗？谢谢。"

她还说："小帅哥，你这件衣服也搭配得不错。"

感觉我们俩就像朋友一样，瞬间拉近了距离！

以上就是我分享的三个法宝，找到共同点、背后说人好话和关注对方优点。只要做到了，你就肯定会让自己和别人的关系变得越来越好，还可以让他人和你结交变成好朋友呢！

我现在用这个方法，发现我结交的朋友越来越多了，我的情商也越来越高了。相信大家用这个方法，朋友也会越来越多了，关系拉得也越来越近了。谢谢！

3. 提问法

结尾的提问分两种。一种是演讲者向观众提问，可以针对演讲中的重点进行提问，一般情况下，孩子在演讲时，可以把提问放在最后。

学生许芷涵在第三届少年演说家大赛上做了一篇《我的偶像袁隆平》的演讲，结尾处，她提出一个问题，引起了观众的思考。她说："袁隆平爷爷正是因为有了梦想，才全力以赴的努力。那现场的观众朋友，你们的梦想是什么呢？"

另一种是请观众向演讲者提问，如果设置这样的环节，在这之前，孩子就要对观众可能提出的问题做出预估，并提前准备好答案，避免出现被观众问住的情况。

无论是哪一种提问方式，观众参与互动之后，除了口头鼓励观众外，还可以为观众送上事先准备好的礼物，感谢观众的参与。

口头鼓励可以说："这位同学回答得很棒，来，让我们把掌声送给他。""这位同学回答得很有意思，请为他送上热烈的掌声。"礼物可以准备性价比较高的文具用品。

4. 呼吁法

呼吁法就是在结尾处发出呼吁，让大家一起去做一件事。一般可以用这样的句式：同学们，让我们一起……

比如，作一篇感恩父母的演讲，在结尾处可以呼吁大家多去感恩自己的父母，用言行去孝顺父母；作一篇环保类的演讲，可以呼吁大家爱护环境，珍爱现在所拥有的一切；作一篇奋斗类的演讲，可以呼吁大家为了自己想要的未来全力以赴地努力。

5. 感谢法

孩子最喜欢用的结尾方式就是感谢法。孩子在用感谢法时，感谢的人包括父母、老师、帮助过你的人和与这场演讲相关的人物。孩子也可以感谢现场的观众，这个要基于对整个演讲过程的观察和互动，需要孩子用心留意。可以说，感谢现场观众朋友的聆听，或者感谢大家给予我的掌声和微笑。

有一位国外的演说家，他演讲时的标准结尾就是感谢他的母亲。他说："我是被母亲独自带大的，我和我的母亲之间有许多感人的故事。如果没有我的母亲，就没有我的今天。"每次听完这样的结尾，观众都会流下眼泪。

6. 金句法

金句法就是用一句符合演讲主题，或者可以升华演讲主题的名人名言做结尾。

《超级演说家》第二季总冠军在一篇演讲结尾这样说：

第4章
演讲技巧：掌握五大技巧，演讲变得引人入胜

这个故事关于独立，关于梦想，关于勇气，关于坚忍，它不是一个水到渠成的童话，没有一点人间疾苦，这个故事是有志者事竟成，破釜沉舟，百二秦关终属楚；这个故事是苦心人天不负，卧薪尝胆，三千越甲可吞吴。

为孩子分享青少年励志演讲常用的金句：

○ 世上无难事，只要肯登攀。
——用于勇敢主题

○ 每一个不曾起舞的日子都是对生命的辜负。
——用于奋斗主题

○ 天才就是1%的灵感加上99%的汗水，但那1%的灵感是最重要的，甚至比那99%的汗水都要重要。
——用于努力主题

○ 只有优秀的家长，才有优秀的孩子。
——用于亲子关系主题

○ 平时肯帮人，忙时有人帮。
——用于帮助主题

○ 千里之行，始于足下。
——用于行动主题

○ 书籍是人类进步的阶梯。
——用于阅读主题

○ 坦然接受生活给你的馈赠，不管是好还是坏。
——用于勇敢主题

○ 抛弃时间的人，时间也会抛弃他。

——用于珍惜时间主题

○ 言必信，行必果。

——用于信守承诺的主题

以上这几种结尾方法可以根据演讲的内容酌情使用。可以用一种结尾方法，也可以用两到三种组合的结尾方法。

练一练：

用总结法 + 金句法结尾。

第4章

演讲技巧：掌握五大技巧，演讲变得引人入胜

🎤 教孩子掌握演说的三大经典框架，从此上台不再愁

> 高手学演讲就是在学框架。
>
> ——混沌大学李老师

我们不难发现，只要学好了框架，孩子演讲就能信手拈来。

在《这就是马云》这本书里写到，有一次，马云去一所师范大学做演讲。演讲前十分钟，马云让助理拿了一张白纸和一支笔过来，他在白纸上梳理了一个框架，他用这个框架进行了一场长达两个小时的演讲。

其实，框架就好比书的目录，孩子懂得了如何搭建框架，就能快速地填充内容。自然，就能完成一场十分完整的演讲。下面这三大演说框架非常经典，也非常好用。

1. 时间轴

时间轴指的是曾经、现在、未来。这个框架适用于孩子学习的分享、校庆发言上的分享。

陈鑫是二年级的学生,有一次她在班上分享说:

曾经,我是一个胆小不太自信的孩子,有人跟我聊天我都会躲在妈妈的身后,不敢面对也不敢回答。有一次,一位阿姨问我,鑫鑫学习了演讲有什么进步呢?我当时大脑一片空白,什么都想不起来,就躲在妈妈的怀里,双手紧紧地抱着妈妈。

现在,经过三年语言的学习,我变得自信阳光,敢于在公开场合表达自己的想法和观点了。上次,我得了500天演说打卡的奖牌,老师让我去舞台上领奖牌,我心里高兴极了,突然,老师让我说说自己得奖的感受。我虽然有点忐忑,但我依然勇敢面对,完成了分享。当我分享结束后,全场的叔叔阿姨鼓起了热烈的掌声,当时我开心极了。

未来,我想去影响更多的孩子学习演讲,让他们通过演讲学习收获自信成长。

校庆演讲时可以说曾经刚来到这所学校时自己是什么样的状态,经过学校的培养现在的自己是什么样的状态,未来你要为母校做出什么样的贡献。

2. 黄金圈

黄金圈指的是是什么、为什么、怎么做。例如,孩子要

第 4 章

演讲技巧：掌握五大技巧，演讲变得引人入胜

做一场冬奥会的分享，我们可以用黄金圈来搭建框架。

冬奥会是什么？

为什么会举办冬奥会？

作为小学生，冬奥会我们该怎么做？

哈喽，大家好，我是任星月。最近，我每天在妈妈的手机上看见关于冬奥会选手夺得金牌的消息，所以，今天我想来跟大家分享《作为小学生，北京冬奥会我们该怎么做？》

你们知道冬奥会是什么吗？冬奥会一般指冬季奥林匹克运动会，是世界上规模最大的冬季综合性运动会，每四年举办一届。而北京是双奥之城，既举办了冬季奥运会，也举办了夏季奥运会。

听妈妈说，这次冬奥会的成功举办不仅仅振奋了民族精神，更是展现了国家形象。

其实，作为小学生，北京冬奥会来了，我们该怎么做呢？

○ 我们可以和父母一起观看北京冬奥会的开幕式和闭幕式，了解这一次有多少国家来参加北京冬奥会。

○ 我们可以去学习冬奥会运动员身上体现出来的为了国家荣誉和金牌生生不息奋斗的奥运精神。

○ 我们可以向身边人普及北京冬奥会的知识，让更多的人了解北京冬奥会。

黄金圈适用于任何知识类的分享，包括书籍的介绍。如果孩子是学霸，想分享自己如何快速学习的技巧，就可以用

黄金圈——快速学习是什么？为什么我们要学会快速学习？如何快速学习？等。

3. 凡事讲三点

凡事讲三点不仅是一个经典万能框架，更是有效训练孩子逻辑能力的法宝。在任何场合下，都可以用凡事讲三点，小到一个问题的回答，大到一场国际的演讲。

> 这是一篇乔布斯在斯坦福大学的演讲：
>
> 很荣幸和大家一起参加这所世界上最好的一座大学的毕业典礼。我大学没毕业，说实话，这是我第一次离大学毕业典礼这么近。今天我想给大家讲三个我自己的故事，不讲别的，也不讲大道理，就讲三个故事。
>
> 第一个故事讲的是点与点之间的关系。我在里德学院（Reed College）只读了六个月就退学了，此后便在学校里旁听，又过了大约一年半，我彻底离开学校。
>
> 我的第二个故事是关于好恶与得失。幸运的是，我在很小的时候就发现自己喜欢做什么。我在20岁时和沃兹在我父母的车库里办起了苹果公司。
>
> 我的第三个故事与死亡有关。17岁那年，我读到过这样一段话，大意是："如果把每一天都当作生命的最后一天，总有一天你会如愿以偿。"我记住了这句话，从那时起，33年过去了，我每天早晨都对着镜子自问："假如今天是生命的最后一天，我还会去做今天要做的事吗？"如果一连许多

天我的回答都是"不",我知道自己应该有所改变了。

乔布斯用了凡事讲三点讲了三个故事,来表明自己的观点,孩子也可以用三个故事来阐明自己的观点,完成一篇演讲。要注意的是,三个故事要详略得当,不要每个故事都是特别长,有的故事可以简单讲,有的故事可以复杂讲。

练一练:

用凡事讲三点做一篇演讲。

第 5 章

故事挖掘：教孩子学会讲故事，好演讲离不开好故事

第 5 章
故事挖掘：教孩子学会讲故事，好演讲离不开好故事

🎤 培养孩子故事思维，有故事的演讲才更动人

> 故事是真实世界的反光。
>
> ——安意如《陌上花开》

我在课堂上、培训现场和各大讲座上，做过一个小调查，问观众喜欢听故事，还是听干巴巴的道理？90%的人都纷纷表态喜欢听故事，不喜欢听道理。是的，全世界的人，无论性别、年龄、种族都喜欢听故事，不喜欢听道理。

央视有一档非常棒的节目《百家讲坛》，就是将历史故事化。郦波老师在《百家讲坛》上讲《五百年来王阳明》，全程都是用讲故事的形式来讲述王阳明的一生。其中，一个故事让我至今都无法忘记。

1483年，王阳明在北京的私塾读书。有一天，他一本正

孩子一学就会的实战 演说课

经地问老师:"何谓第一等事?"这相当于是在问,人生的终极价值是什么?

他的老师吃了一惊,因为从来没有学生问过他这样的问题。但他还是很快作出了坚定的回答:"当然是读书做大官啊!"

王阳明严肃地看着老师说:"我认为不是这样。"顿了顿,一脸郑重地继续说道:"我以为第一等事应是读书做圣贤。"

在《超级演说家》的舞台上,有一位演讲者一上来就噼里啪啦讲道理,评委老师直接喊停,问他可以讲故事吗?很多父母可能不知道大多数孩子演讲失败,就是因为不会讲故事。精彩的演讲都离不开故事的烘托,故事的画面感也是演讲者爱用故事的原因。所以,孩子们拥有故事思维是非常重要的,因为人们只会记住故事,记不住道理。

那故事思维是什么?就是孩子要习惯把他所有想传递的关键点用故事的方式讲出来。也就是说,无论孩子想讲什么都可以用讲故事的方式讲出来。

那么,如何拥有故事思维呢?可以通过以下三个方法来培养。

1. 阅读

阅读可以让孩子看见他人的故事,明白故事是什么,是每个孩子最快获得故事思维的有效途径。我认识很多爱阅读的孩子，都是讲故事的高手，他们往往把自己的故事讲得很精彩。

冯鑫怡是一位特别爱阅读的孩子，她分享自己去南山植物园的故事，让我感觉身临其境。

2022年4月的一个周六，我坐公交车去南山植物园观察植物。我发现植物园中的花特别多，其中，桃花开得最耀眼。

桃花是粉红色的，像天边的云霞一样美丽，有的桃花是五片花瓣，有的桃花是六片花瓣。在微风的吹拂下，桃林发出沙沙的声音，鸟儿也在树枝间欢快地鸣叫，它们一起奏响了春天的交响曲。站在桃树下，桃花的阵阵香味儿直扑我的鼻子，我感觉自己闻到了春天的味道。我用手轻轻地抚摸花瓣，像是抚摸在极柔软的丝绒上。

2. 对话

其实，每一次的交谈都是一个故事。可以在一次交谈后，让孩子用对话的形式把故事讲出来，以此来培训孩子的故事思维。

每天晚上，我们一家人都会躺在被窝里聊聊今天开心的事情，豆豆问我："妈妈，你今天开心的事情是什么？"

我说："我今天开心的事情是爸爸给我送了花。"

豆豆说："我不开心了！"

我问："为什么呀？"

豆豆说："因为爸爸没有给我送花。"

从这个对话不难看出，孩子也渴望收到礼物，也渴望被关注。

可以让孩子多记录这样的对话，并在对话后加入落点，就能够轻轻松松拥有故事。

3. 写作

以上两种方法对培养孩子故事思维是极有帮助的。如果父母想让孩子的故事思维更上一层楼，还可以进行写作的方式来培养故事思维。就是把今天发生的故事用文字的方法写下来。

会讲故事对孩子来说很重要。未来的时代，孩子只是踏踏实实做好事是不够的，还要学会用别人容易记住的方式传播自己。能讲一个好故事，孩子就容易被人记住。

除此之外，个人成长、争取机会、学校发言等，都需要讲好故事。所以，孩子一定要拥有故事思维，让自己的表达充满故事。

练一练：

> 分享一个你读过的故事给朋友、同学听，并在最后阐明你的观点。

第 5 章

故事挖掘：教孩子学会讲故事，好演讲离不开好故事

🎤 把握故事细节，具象的故事才更有吸引力

> 天下难事，必作于易；天下大事，必作于细。
>
> ——老子

如果你经常看电影，会发现有些电影情节非常具有吸引力，而有的电影却让人在电影院呼呼大睡，还会引起大家的吐槽，说："这个电影太没意思了，剧情一点儿都不具有吸引力。"

电影如此，演讲也是一样，好的演讲会对观众有极强的吸引力，能让观众很快融入情境中，仿佛自己是演讲中的主角。不好的演讲会让观众毫无兴趣，与旁边观众交头接耳。

作为演讲者想要增强演讲的吸引力，就要在讲故事时更加具象化，更加细节化，最好让观众能够想象到故事的画面。让故事更具象，可以从很多方面来入手。

孩子一学就会的实战 演说课

1. 具体的数字

很多孩子在演讲时总会说"很多""许多""好多"这样的词语,会让观众觉得很模糊,不知道"很多""许多""好多"到底表示多少,从听觉上就会让观众不清晰。

下面这段文字是没有用具体数字写的一段演讲:

大家好,我是少年演说家陈昕桐,我从很多年前开始进行演讲打卡,到现在我已经打卡400多天了。我记得我打卡最痛苦的一次是妈妈让我打卡"龙抬头"的视频,那一天我录了好多遍才录好视频,录完后我心里想,终于录完了,想录一个自己满意的视频真不容易。

下面这段文字是陈昕桐用具体数字重新写的一段演讲:

大家好,我是少年演说家陈昕桐,我从2019年12月开始进行1000演讲打卡,到现在我已经打卡459天了。我记得我打卡最痛苦的一次是妈妈让我打卡"龙抬头"的视频,那一天我整整录制了37遍才录好视频,录完后我心里想,终于录完了,想录一个自己满意的视频真不容易。

通过文字我们可以发现有具体的数字会更让人信服,更有说服力,也更有吸引力。当我看见他录了37遍时,我在想,天哪!太厉害了,他是怎么做到的?我很想去一探究竟。

2. 具体的四要素

写故事还要有故事四要素,即时间、地点、人物、事件,这样会让人们更清晰故事发生在什么地方、故事的背景是什么。一般故事的"时间""地点""人物"都放在最前面,它们三者的顺序可以互相调换。

我辅导孩子去参加重庆市九龙坡区的比赛,其中有一个故事是这样写的:

我记得,上周星期六我和同学在老师的带领下,去刘伯承将军的故居担任小小讲解员,想让更多的人了解刘伯承将军这辉煌的一生。其中,有一位游客给我留下了极深的印象。当我说:"刘伯承将军的精神值得我们每一位青少年学习,是我们应该追寻的榜样。"这段话时,只见一位戴着红领巾,穿着白衬衣和牛仔裤的小弟弟,眼神坚毅地看着刘伯承将军的雕像,伸出右手敬了一个庄严的队礼。那一刻,我心里充满了感动,在心里为这位小弟弟竖起了大拇指。

在这段文字里,有时间、地点、人物和事件,让整个故事更加的完整。

3. 动作细节描述和内心活动描写

余世维说:"完美体现在各个细节之处。"是的,细节在任何时候都特别重要,那么如何教会孩子细节描述呢?首先，要让他知道什么是细节描述。细节描述是指抓住生活中的细微而又具体的典型情节，加以生动细致地描绘。在演讲中侧重于对动作和内心活动的描写。孩子成功的细节描述会让观众印象深刻，提高演讲的感染力。

我有一个学生叫钱宗岭，他特别擅长细节描述，有一次，我们在讲述自己最失败的事情，他说：

> 我最失败的事情就是在上一次期末考试时，我考了87分。当老师在讲台上说："xxx，87分。"当时，我一下子就愣住了，坐在座位上，手和脚都不知道该往哪里放。那时，我恨不得赶紧找个地缝钻进去。可是，我还不能钻进去，我还要上讲台拿卷子。我很努力地站起身，然后以蜗牛的速度去拿到了卷子。拿回来后，我把卷子往桌子上一放，有气无力地趴在了卷子上。我当时心里想，为什么我不好好复习一下呢？为什么我会考这么低的分呢？啊，我真的好郁闷！

他在这个故事里就运用了很多动作细节描述，也运用了很多内心活动的描述，让这个故事的内容特别具有吸引力。据调查，在讲故事中，观众最喜欢听他们不知道的内容，而孩子的内心活动正是观众不知道的，也是观众最喜欢听的。

父母一定要知道，很多时候观众留意的往往都是不起眼的细节，印象深刻的也是细节。细节就如放慢镜头一般，将情节层层推进，让观众细细品味，回味无穷。如果你够细心，就会发现，但凡精彩的演讲，在细节处理上都非常完美。乍听之下，并不觉得什么，但当你稍作联想，就会有种恍然大悟的感觉。在演讲中，越是明确、细节化的说明，所展现的力量就越强大。

孩子在讲故事的时候，一定要把握好细节，一个故事，一个事件，如果没有细节，三两句话就讲完了，干瘪枯燥，容易让人产生距离感。相反，如果细节过多，就会失去重心，主题不够突出，就起不到"号召"的作用了。

练一练：

> 运用具体数据、故事四要素、动作细节和内心活动来讲一个自己的故事。

孩子一学就会的实战 演说课

🎤 教孩子学会挖掘自己的故事,让它们成为演讲的素材

> 一个人有一个故事,一个家庭有一段历史。
>
> ——知名主持人

中央卫视《开讲了》邀请一位嘉宾来做分享,他讲了自己的故事。

1961年,我出生在香港一个叫作大埔的农村。小时候,我家里很有钱,有孔雀,有超过200只的猪,有数不尽的鸽子,然后,我们还有很多的田地,我们租给别人,然后别人给我们交租。

在那个时候,我看过很多其他小朋友没看过的东西。我从小就知道有电视,有录音磁带,我也品尝过很多很多美味

第 5 章
故事挖掘：教孩子学会讲故事，好演讲离不开好故事

的东西。

爸爸在我六岁那年，带我从农村到了城市，他希望我们可以接触外面的世界。但是，爷爷很不开心，他觉得我爸爸不是一个乖孩子，所以在分家产的时候，没有分给我爸爸。

从那个时候开始，我就住城市里一个叫钻石山的地方，有很多很多很贫穷的人住在钻石山，那个地方都是木房子。为什么它叫钻石山呢？是因为所有住在那里的人，都希望自己住的地方比较高档一点，所以就改了钻石山这个名字。

因为是木房子，我们每天都面临发生火灾的可能性，我们每天都要记得身份证放在哪里，如果发生火灾，我们要尽快进去，拿了身份证就逃。

结果，真的有一天。那年我大概 11 岁，家里真的因为火灾要离开了，我们离开了住的地方，然后住在一个政府搭的棚子里。在那里等了很久，大概有一年，我们可以换来一个石头的房子，我们住在那里，每一天为自己的生活，做了很多很多不一样的事情。比如，发传单、卖冰棍、卖保险等。

一直到 2008 年，我参加了训练班，一年之后因为我表现得非常好，我签了香港无线电视台。

嘉宾在《开讲了》的舞台上，通过讲故事的方式，让观众了解他小时候的生活状态，让观众知道原来名人也经历了很多不为人知的辛酸。嘉宾在分享时，80% 的内容都在讲自己的故事，由此我们可以知道，孩子的故事是非常具有价值和记录意义的。

孩子一学就会的实战 演说课

可是，很多父母反馈说："我家孩子没有故事，我家孩子不知道如何去讲故事。"其实，这是最开始学演讲的孩子都会遇到的问题和现状。那么，作为父母，我们该如何去帮助孩子解决这个问题呢？如何帮助孩子去挖掘自己的生命故事呢？

1. 问自己生命之最

请孩子闭眼深呼吸，然后问自己最开心、最难过、最幸福、最痛苦、最无助、最委屈、最尴尬的事情。当大脑中想出故事后，用笔把事情写在准备好的纸上，或者用"讯飞语记"快速记录下来。

最开心的李卓曦故事

最开心的事情是周六晚上和3岁的弟弟一起去广场玩了搭积木的游戏。在玩搭积木的过程中，我对弟弟说："弟弟，你去帮我把那块最大的积木拿过来。"

弟弟很快就跑过去把积木拿过来给了我，我把积木放在了适合的位置。过了一会儿，只见弟弟跑过来对我说："姐姐，你看。"

原来细心的弟弟，把我们搭积木需要的细小零件全部找来给我了，那一刻，我觉得内心很温暖，因为我的弟弟长大了，他开始知道如何去配合姐姐做好一件事情。

最后，在我们的合作下，我们搭好了一个大大的滑滑梯积木。

第 5 章

故事挖掘：教孩子学会讲故事，好演讲离不开好故事

最难过的故事

我最难过的事情是在去年考试，只考了91分。我还记得考试那一天，我一看试卷，觉得这些题很简单，于是我就很不细心，急急忙忙地把题目就做完了，也没有检查。可是发成绩的那天，老师说："xx，91分。"我当时并没有觉得有什么难过，后来我看见排分表才知道我已经是倒数第9名了。当时，我的内心翻江倒海特别难受，我想要是再考一次，我一定会认真检查，我一定会细心。

最坚持的赵奕锟故事

我最坚持的一件事是在上周六和爸爸妈妈一起去玩攀岩。攀岩墙很高，像6层楼房那么高。当工作人员把攀岩的安全带捆在我身上时，我心里就有一点点害怕，爸爸对我说："加油锟锟，我相信你可以的。"

我带着爸爸对我的鼓励开始攀岩，先把手放到上面的攀岩石上，再把脚踩在下面的攀岩石上，我用力地往上爬。

当我爬到中途时，我的脚和手开始发软，抓住岩石的手没有力气把自己拉上去，踩住岩石的脚也没有力气往上蹬。这个时候我想放弃了，我正打算跟工作人员说，放我下去时，突然，我想到爸爸跟我说的，加油啊，相信我可以。

我又对自己说："加油，锟锟你一定可以的！"

于是，我又坚持去攀岩，直到一个小时后，我终于攀上了顶峰，这就是我目前最坚持的一件事情。

在记录生命之最的故事时，可以是孩子目前人生中最开心、最难过、最幸福、最难忘的事，也可以是某一段时间、某月、某周和某天最开心、最难过、最幸福、最难忘的事。

2. 问他人对你的印象

在寻找孩子故事的路上，除了问自己生命之最，还有一个方法就是问他人。那么如何践行这个方法呢？可以对朋友、同学、家人、老师说："某某，我在你心里印象最深的是什么？你可以用一个故事为我描述一下吗？"你可以先列出十位对你很重要的人，然后逐一去问，相信你会有意想不到的收获和惊喜。

我有一个学生，他分别去问了自己的同学、妈妈和老师。

他们眼中的我

大家好，我是王小千。今天，我想跟大家聊一聊《他们眼中的我》。

我的同学说："小千，你是一个勇于面对失败，而且能在失败中找到经验，努力地去冲刺冠军的一个人。

"我记得在去年的春季班，你一连参加了三场比赛，都没有拿到很好的成绩。那段时间你很沮丧，感觉自己什么都做不好，上课的状态都不积极，甚至一度不想学了。可是后来你调整了自己的心态，正确、勇敢地面对了失败，在失败中找到经验，继续努力，然后拿到了冠军。"

第 5 章

故事挖掘：教孩子学会讲故事，好演讲离不开好故事

我的妈妈说："宝贝，在妈妈的眼中，你是一位乖巧懂事的孩子。

"还记得，上一次我应酬完回家，喝得有点醉，一进家门，你就冲出来抱着我，生怕我倒下。你还帮我脱了鞋，慢慢地把我扶到床上休息，一边走一边还叨叨着，让我小心点。之后你又端了盆清水帮我卸了妆，洗了脸，还帮我盖上被子，嘱咐我'你快睡吧，明天早上我叫你起床。'我觉得你是这个世界上最懂事的孩子。"

我的语言老师说："小千，在我心中你是一个会为了自己的目标全力以赴的人。

"我现在都还记得，你第一次去参加超级指挥官，为了能够得到演说冠军，晚上你的室友睡觉后，你悄悄躲在厕所里去练习演讲稿。被生活老师发现后，你假装回去睡觉，等老师走了，你又到厕所去练习演讲稿。我觉得你为了自己的目标全力以赴的状态真的让我很欣赏。"

这就是我在同学、妈妈和老师心目中的样子。其实，每一个人在别人的眼中都是不一样的，而我们要做的就是做最真实的自己，保留自己最原本的样子，而不是因为别人而改变自己。

当孩子懂得用问自己、问他人的方式来挖掘自己的故事时，他在演讲时就会有源源不断的故事和案例讲出来。相信经过时间的积累，他会成为一个讲故事的高手，让自己的演

讲更被他人喜欢。席慕蓉说，总有那么几个故事，会改变我们的人生。我想说，孩子的故事可能改变其他孩子的成长和人生。

练一练：

> 跟同学或者家人分享自己最开心、最难过、最坚持的事情。

第 5 章
故事挖掘：教孩子学会讲故事，好演讲离不开好故事

🎤 故事七问法，教孩子写出一波三折的故事

> 一个人有一个故事，一个家庭有一段历史。
>
> ——知名主持人

我曾经在讲座上，做过调查，问现场的观众，你们喜欢听充满挫折的故事，还是一帆风顺的故事？95%的观众都说喜欢听充满挫折的故事。

为什么观众喜欢听充满挫折的故事呢？那是因为人的本能决定了每个人的生命因挫折而精彩，而故事因挫折而有趣。那孩子的故事没有挫折又会怎么样呢？就会让观众不想听孩子的演讲，也会让演讲没有吸引力。观众想听的故事一定是有挫折，这样才会让故事一波三折，有起有伏，有张有弛。

孩子一学就会的实战 演说课

有一个人,他第一次参加高考,英语只考了33分。第二年高考,英语成绩55分,虽比前一次有进步,但总分不高仍然落榜。在一片质疑声中,他坚持再读一年高三。有了前两年的积累,加上最后一年的拼命用功,他的英语得了90分,最终被北京大学录取。

考上大学后,来自全国各地的50名精英组成一个班,他是其中之一。大学期间,他从未进入过全班前40名,但他没有因此放弃自己。他说:"一天内背不下课文,我就花一周的时间天天背。"到最后,他可以用英语说脱口秀了。最终,凭借他的毅力,他留任北京大学,成为老师。

后来,为了凑齐出国留学的费用,他一边在北京大学上课,一边在校外培训班上课,结果被学校发现,记了大过,因此离开了北京大学。在1991年冬天的夜里,他穿着棉大衣,骑着一辆旧自行车,晃荡在北京几所大学里贴手写的小广告。他开始创办属于自己的培训学校,后来,他凭借自己的一身孤勇,把这所学校的市值做到高达百亿美元。

他的人生故事里充满了挫折,三次高考,从北京大学的垫底学生到留任北京大学,从被开除到创办百亿市值的学校,这些挫折让我们知道他是一个什么样的人。

那么,孩子如何写出充满挫折的故事呢?可以用下面这个框架:

○ 我是谁。

○ 我曾经做过一件事情失败了。

○ 我没有放弃……
○ 现在我成功了。

大家好，我是叶笑言。我曾经很羡慕同学可以把看过一遍的故事马上讲出来，我也想做到，于是，我就进行了故事复述的练习。可是，在我第一次尝试时，就失败了，我整整看了17遍才复述出了60%的内容。在我遇到了一个非常拗口的外国人名——罗斯恰二斯时，我把文章背了十几次还都没有背流利，那天我的心情很挫败，感觉好难，复述时总是会把人名说错，一气之下就没有打卡。

后来，在妈妈的鼓励下，在老师的帮助下，我告诉自己："叶笑言，你一定可以的。"于是，我坚持每天复述打卡，从9遍复述成功，到7遍复述成功，再到4遍复述成功，最后到两遍复述成功。现在，我已经可以一遍就复述出95%以上的内容，我还能自己加动作、处理情绪和声音变化了。

这个框架很容易让你的故事打动人心，因为采取了戏剧性的冲突手法。这个技巧只是一个最简单的挫折技巧，下面还有一个特别好用的技巧，可以让孩子轻松写出一波三折的故事。

◎ 故事七步法
○目标　○阻碍　○努力　○成果　○意外　○转弯　○结尾

目标——孩子要完成的事情。1 000天演说打卡。

阻碍——他遇到了什么阻碍。学校作业太多,没有时间打卡。

努力——他做了什么样的努力。路上做好构思,回家花3分钟打卡。

成果——他取得了什么阶段性的成果。一直坚持完成了500天的打卡。

意外——他发生了什么意外。小升初压力很大,无心打卡。

转弯——意外后想到好的点子。他开始通过打卡输出自己负面的情绪和压力。

结尾——最后目标达成了吗?他能完成了1 000天演说打卡,可以拿起麦克风就演讲。

大家好,我是豆豆。我特别喜欢演讲,所以我给自己定了一个目标——完成"1 000天演说打卡",我期待自己可以拿起麦克风就演讲。在我打卡的前127天都非常顺利,可是,当我升入小学四年级后,我发现作业越来越多了,我没有时间打卡了。

有一天放学,我做完作业,已经是晚上11点钟了。我感觉全身都没有力气,就想放弃打卡。但是我的妈妈跟我说:"宝贝,想想你当初为什么坚持打卡?我相信你可以坚持下去。"

于是,我就和妈妈商量了一个方法,就是我每天在回家

第 5 章

故事挖掘：教孩子学会讲故事，好演讲离不开好故事

的路上想好我要打卡的内容，回到家后直接拿着手机花两分钟把打卡录制结束。就这样，我又从 127 天坚持到了 500 天。这 500 天的打卡，让我能够快速地构思演讲框架，能够让我演讲录制的时候一遍就过。我以为我就可以这样一直坚持打卡到 1000 天，可是，在我五年级时，小升初的压力太大了，我又萌生了不想打卡的念头。我每天有做不完的卷子，有刷不完的题，连上厕所都在背单词，但是我的妈妈又对我说："宝贝，你想一想，有没有其他的办法可以解决呢？"

后来，我们又共同头脑风暴，想出了可以通过打卡输出自己的负面情绪和压力的方法。妈妈说输出就是最好的疗愈，于是我开始每天打卡说一下自己今天最糟心的事情，或者最让我烦恼的事情，或者最让我有压力的事情，来释放自己的负面情绪和压力。

我的小升初考试就在没有压力的情况下结束了。你们知道我最后是否完成了 1000 天的演说打卡了吗？是的，我完成了 1000 天的演说打卡。现在，我通过 1000 天演说打卡可以在任何场合拿着麦克风想说就说。这就是我为了 1000 天演说打卡，持续努力，不断奋斗的故事。谢谢大家！

人生一波三折才充满了精彩，谁的人生都不可能是一帆风顺的，都会面临波折和起伏。孩子在写故事时，要多写一波三折的故事，故事有起伏才有看点，才会让观众有愿意听下去的欲望。

孩子一学就会的实战 演说课

练一练：

用一波三折讲一个自己的故事。

第 5 章

故事挖掘：教孩子学会讲故事，好演讲离不开好故事

🎤 让孩子拥有自己的"故事库"，做有准备的演讲

> 岁月是流淌在血液里面的经历，是藏在心灵树洞里的故事，然而它也会轻易地从你的生活姿态里流露出来，并获得回应，只要你不再自卑，万物为之静好。
>
> ——毕淑敏

大家知道，演讲最受欢迎的排名吗？励志类演讲、亲情类演讲和家国情怀类演讲。大家知道，世界最著名的十大演讲排行榜有哪些吗？分别是马丁·路德·金的《我有一个梦想》、亚伯拉罕·林肯的《葛底斯堡演说》、丘吉尔的《我将战斗到底》等

作为一个演说者，孩子可以讲自己的故事、身边人的故事、名人的故事。故事这么多，孩子怎么能都记得下来呢？

孩子一学就会的实战 演说课

孩子需要时却找不到故事,该怎么办呢?其实,孩子只需要拥有自己的演讲故事库一切都可以解决。

首先,我们要了解故事库是什么。故事库是一个又一个故事的集合。故事库越大,孩子的边界越广,提取故事的速度就越快;故事库越小,孩子的边界就越窄,提取故事的速度就越慢。

那么,孩子如何让自己的故事库变大呢?

1. 故事记录日

孩子可以每周选择一天花一个小时,记录自己的故事。把这一周遇见过的有趣的人、有意思的事情都记录下来。记录的故事,不需要很详细,只需要自己日后翻看时能够看懂。

同时,还需要记录他人的一些故事,比如,孩子和父母一起看冬奥会时记忆最深的故事,孩子看《感动中国》时最感动的故事,孩子看了《战狼》时最难忘的画面等。

下面分享三个他人的故事:

◎ **故事一**

在东京奥运会半决赛中,苏炳添以32岁的"高龄"跑出9秒83的成绩获小组第一。这个成绩比他2018年9秒91的亚洲纪录快了0.08秒,百米飞人世界排名高居第八位,被称为"中国飞人",他是中国短跑的骄傲!

2012年,苏炳添与博尔特同场竞技,感受到差距的他给自己立下目标:跑进百米9秒区。为此,他反复训练摸索,大胆决定更换起跑脚,重新学习跑步。他说:"受伤时我思考过是不是跑不动了,但我告诉自己,养好伤病还可以继续飞翔。"

东京奥运会,他跑出9秒83打破亚洲纪录,成为首位闯进奥运会男子百米决赛的亚洲飞人。他超越了年龄和伤病,更超越了自己!

◎ **故事二**

江梦南是一位从小失聪却依靠读唇语考上清华大学的博士。对她来说,人生的每一步仿佛都是"困难模式",但她却凭借着惊人的努力一路逆袭。据清华大学医学院博士生导师介绍,江梦南做的模型,其效果已经达到了世界级水准。

因一场意外在半岁时失聪,她不能像常人一样交流,却完成了学业并考上大学、研究生。人生虽无常,学业无止境。对人生不服输的她,又考上清华大学博士研究生。湖南郴州宜章失聪女孩江梦南的逆袭故事,感动了很多人。

◎ **故事三**

身残志坚的一对残疾人张顺东、李国秀夫妇,付出比平常人千百倍的努力,养育一对儿女成长,还脱贫致富,诠释了"幸福都是奋斗出来的"的名言!夫妻共用一手双脚相濡以沫29载,他的一只手,有力气也有"头脑";她的一双脚,能切菜煮饭、能写字绣花、能取货找零。

张顺东、李国秀夫妻二人加起来,只有一只手、一双

孩子一学就会的实战 演说课

脚。"互为手足"的29年中,他们相互扶持,将一双儿女养大,又用辛勤劳作甩掉了贫困的帽子。他们说:"人再苦再难,不能没有希望!"

当孩子学会故事记录时,他的故事库就会越来越大,他的演讲也会越来越有深度,还能引起传播,影响更多的人发生改变。

2. 看书讲书

看书讲书,就是把看过的书通过自己的语言讲出来,这样不仅可以让孩子养成爱分享的习惯,还能让孩子对书里的内容更加深刻,充实孩子的故事库。

曾志铭是二年级的学生,他有爱看书讲书的习惯,因此积累了很多故事。现在他可以随手写出一篇关于阅读分享的文章。

大家好,我是曾志铭,你们看我手里拿的这本书是什么?对的,这本书是《哈佛家训》,是我今天要跟大家分享的书。我非常喜欢阅读《哈佛家训》。你们知道吗?这本书是一位哈佛学者送给他孩子的特殊的人生礼物,他用一个一个简单而又生动的小故事,将各种人生哲理娓娓道来,让我收获满满。

这本书里我最想推荐的有《土拨鼠去哪儿了》《你的意念能跳多高》《改变花瓶的颜色》。这三个故事。下面我就分别跟大家分享一下吧。

◎ 第一个故事，土拨鼠去哪儿了？

里面讲的是，一个老师向他的学生讲述三只猎狗追逐土拨鼠的故事，土拨鼠在逃跑的时候钻进了一个树洞，突然从树洞的出口出来了一只小猪，三只猎狗直奔小猪而去。小猪爬到了一棵大树上，树枝突然断了，小猪掉下来，把三只猎狗砸死了，小猪成功逃脱。很多人都被突然出现的小猪吸引了，却忘记了土拨鼠，咦，土拨鼠去哪儿了？

你知道这个故事里的土拨鼠是什么吗？（这里要让大家互动回答一下。）

其实，这个故事里的"土拨鼠"，就是我们的"目标"，他告诉我们要时刻提醒自己，要坚持向自己的目标前进。

◎ 第二个故事，你的意念能跳多高。

讲述了一名撑杆跳奥运冠军布洛卡如何取得成功的故事。在接受记者采访时，记者问布洛卡获得冠军的秘诀是什么？布洛卡说我成功的秘诀很简单，那就是在每次撑杆跳之前，就先让自己的意念跳过横杆。（你要用对话的形式把这个故事演出来，才会让你的演讲更出彩）

这个故事告诉我们：一个人要不断突破自己的心灵障碍，才有可能超越自己，如果你屈服了，那你可能真的做不到。

◎ 第三个故事，改变花瓶的颜色。

故事讲的是一名贵妇人想要自己的卧室的墙壁和花瓶的颜色一致，贵夫人找了好几个油漆匠，他们全都无法调出与花瓶完全相配的颜色，于是都被辞退了。最后来了一个聪明的油漆匠，经过努力，他把卧室粉刷的和花瓶的颜色丝毫不差，贵妇人非常满意，支付了他一大笔工钱，从此这个油漆匠就远近闻名了。几年后，他的儿子问他当时是怎么把贵妇人的卧室粉刷的和花瓶的颜色完全一致的呢？油漆匠这样告诉儿子，他只是稍稍改变了一下花瓶的颜色。

（对话一定要稍微用演绎的方式演出来。）

知道这个故事告诉了我们什么吗？（这里加入互动，会让你的分享走向高潮。）

这个故事告诉我们：不管是让墙壁和花瓶的颜色一致，还是让花瓶的颜色和墙壁一致，这对于贵妇人来说其实都是一样的，所以如果不能让天空变大，我们不妨让自己的心灵变大。

亲爱的同学们，我分享完了这三个故事，你们最喜欢哪个故事呢？（可以和大家有互动，互动得越多，大家就会觉得你分享的越好。）

这就是我给大家分享的《哈佛家训》这本书里的三个小故事。它们都具有丰富的教育功能和深刻的生活意义，不仅可以激发我们对社会和人生进行多角度的思考，还可以点燃我们内心深处智慧的火花，这本书值得推荐给同学们。我的分享到此结束，谢谢大家！

当孩子有了这两个习惯后,创建故事库就比较容易了。我们需要把所有的故事分类。

1. 励志类故事

可以是自己、朋友、老师、名人和偶像失败的故事、奋斗的故事、坚持的故事、梦想的故事等。

诸葛亮少年时期,从学于水镜先生司马徽。诸葛亮学习刻苦,勤于用脑,很得司马徽赏识。那时,听鸡叫计时,诸葛亮想让先生把讲课的时间延长一些,于是上学时就带些粮食装在口袋里,估量鸡快叫的时候,就喂它一点食粮,鸡一吃饱就不叫了。

司马先生发现后,开始很愤怒,后被诸葛亮的好学精神所打动,对他更关怀、更器重,对他的教导也就更毫无保存了,而诸葛亮也更勤奋了。通过诸葛亮自己的努力,他终于成了一个上知天文、下知地理的饱学之士。

2. 亲情类故事

孩子和父母之间的故事。

毕加索有着很高的绘画天赋,但却经常搞不懂诸如"二加一等于几"的问题。就连老师也认为这个孩子智力低下,根本没法教,但毕加索的父亲却始终坚定不移地相信:儿子虽然读书不行,但是,绘画是极有天赋的。

他对儿子说:"不会算术并不代表你一无是处,你依然是个绘画天才。"

小毕加索看着父亲坚毅的面庞,找回了一些自信。果然,毕加索总是毫不费力就能绘出才华横溢的图画,也渐渐忘记了自己功课方面的"无能"。毕加索每天都沉浸在想象的世界里,虽然功课不好,但他却在绘画的天地里找到了快乐,并成为一代绘画大师。

3. 家国情怀的故事

孩子、他人、英雄和国家之间的故事。

前不久,我在网上看到一则新闻。一名贫困山区的老师张桂梅,为了不让一名女孩因贫困失学,坚持家访11年,遍访贫困家庭1 300多户,行程十余万公里。她长期拖着病体工作,超量的付出透支了原本羸弱的身体,换来女子高中学生学习的好成绩。她不遗余力践行着"只要我还有一口气,就要站在讲台上"的诺言,用实际行动铺就贫困学子用知识改变命运的圆梦之路。

张桂梅说:"当听到学生大学毕业后能为社会做贡献时,我觉得值了。她们过得比我好,比我幸福,就足够了,这是对我最大的安慰。"

当看到这里时,坚定了我要成为一名人民教师的决心,我要用尽全力去实现自己的梦想。

这些方法可以让孩子拥有自己演讲的素材库,他想用哪个故事,直接选取就好了,再也不用大海捞针一样地去寻找和搜索。同时，还能为自己写作文积累大量素材，这样不仅让自己的演讲有素材，更让自己写作文很轻松。

练一练：

> 开启"故事纪录日"，每周记录三个故事。

第 6 章

演讲稿写作：教孩子快速写出一篇优秀的演讲稿，为演讲赋能

第6章

演讲稿写作：教孩子快速写出一篇优秀的演讲稿，为演讲赋能

🎤 告诉孩子，写出一篇优秀演讲稿必须要注意的要素

> 一个人的成功，15%靠技术知识，85%靠口才艺术。
>
> ——卡耐基

孩子要想写出一篇优秀的演讲稿，首先要清楚优秀演讲稿的定义什么。

我个人的理解是观众听过你的演讲后，能够记住你想传递的核心价值观或者演讲中的一句话。

大家好，我是唐国。从古至今，榜样的力量都是无穷的。

你们知道吗，苏轼正是以父亲苏老泉为榜样，我们才能有幸读到他"大江东去，浪淘尽，千古风流人物"的豪迈，看到他"十年生死两茫茫"的忧伤，能领略到他豪放、洒脱

的人生。莫言以福克纳为榜样，精于察言观色、洞悉人情，于是我们有幸看到《红高粱家族》，领略到高密东北乡的无限风情。

记得读小学时，老师让我们以雷锋叔叔为榜样，我很听话，哪怕是拾到一个硬币，也要飞奔着交给老师。

读初中时，我选择以新东方的俞敏洪为榜样，天天背单词读英语，最后获得了中考英语满分的成绩。

上高中后，我每年都要收看感动中国人物颁奖典礼，我和我的同学都选择以感动中国人物为榜样。

这场演讲结束后，唐国那句"榜样的力量是无穷的。"让现场观众记忆深刻。这句金句将演讲推向高潮，他用自己的认识引人深思，倾诉自己内心感受，同时，也感动了观众。

画龙点睛是我们耳熟能详的一个成语，用在演讲中，就是在关键的地方用金句点明主题，使所表达的内容更加生动。在演讲中，演讲内容要通过叙事、抒情等手法来表达。如果叙事、抒情是"画龙"，那么，叙事、抒情后的金句就是点睛之笔。两者是相辅相成的，龙画得再好，缺少了点睛之笔，便无法将观点精准地呈现出来，演讲的效果也会大打折扣。

演讲要有闪光点，这样才能抓住观众的眼球，才能成为一篇优秀的演说稿。孩子们在演讲中，要学习如何编写金句，让演讲更有感染力。

有一次，我在台下听格力的董老师的演讲。那天，她演讲中的一金句，给我留下深刻的印象。她说："自己不扬帆，没人替你起航。"

这句话有自己的底层逻辑。这句话的格式就是：自己不××，没人替你××。

我就让学生按照这个格式填进去，发现学生自己改编的金句读起来也很有力量。

比如：

自己不学习，没人替你成长。

自己不努力，没人替你成功。

自己不扎根，没人替你绽放。

所以，创造金句是有公式的。而公式也是可以创造的，创造公式的秘诀就是：让思考题变成填空题。

○ 不是……，而是……

这种公式的逻辑是：颠覆人们常有的观念，然后提出一个情理之中、意料之外的观点。

拉开孩子距离的不是学校，而是父母。

拉开孩子成绩的不是刷题，而是细心。

○ 要么……，要么……

这种公式的逻辑是：看似给观众选择，但其实没有选择。

要么努力学习，要么拼命刷题。

孩子一学就会的实战 演说课

要么坚持打卡，要么接受平凡。

○ 没有……，只有……

这种公式的逻辑是：透过表象看本质，否定前面的表象，突出后面的本质。

没有成绩不好的孩子，只有不懂教育的父母。

没有失败的人生，只有不愿努力的自己。

孩子们在用这些金句时，要注意在讲金句前，一定要铺垫一个精彩的故事，不然只是为了讲金句而讲金句，金句是不能发挥它神奇的力量的。如果没有故事作为铺垫，所谓的金句也只是一句空洞的口号而已，会让观众觉得"假大空"。

练一练：

> 用这三个句式：
> "不是……而是……"
> "要么……要么……"
> "没有……只有……"，写三个属于自己的金句。

第 6 章

演讲稿写作：教孩子快速写出一篇优秀的演讲稿，为演讲赋能

🎤 孩子觉得写演讲稿毫无头绪？思维导图能帮忙

> 理想无非就是逻辑的最高峰，同样美就是真的顶端。
>
> ——雨果

很多父母跟我反馈说："茜茜老师，我家孩子不会写演讲稿，怎么办？"还有父母说："茜茜老师，我家孩子写稿毫无头绪，该怎么办呢？"

其实，很多孩子都会遇到这样的情况，为什么会出现这样的情况呢？

○ 不知道如何去写。

○ 心中没有写稿子的框架。

○ 不敢放手去写，怕写得不好。

孩子一学就会的实战 演说课

月月是一年级上的演讲班,从上演讲班开始,月月妈妈就觉得孩子小暂时不会写演讲稿也没关系,索性就不让孩子写。一直到二年级时,我对月月妈妈说:"你该放手让月月自己写演讲稿了,我们先要接纳她写得无逻辑、无故事、无重点,只有她敢写了,她才能逐步越写越好。"

月月妈妈是一位很智慧的妈妈,听了我的反馈后,她决定放手让孩子自己写演讲稿。一开始,月月写的演讲稿确实"不忍直视",东一句,西一句,毫无逻辑可言;后来,月月用了写稿"五步曲",经过几次练习已经能写出一篇很不错的演讲稿了。

那么,写稿五步曲是哪五步呢?分别是定题目、定框架、定技巧、定故事、定金句。在进行写稿五步曲前,先准备一张白纸、一支笔。

1. 定题目

首先,要把题目想好,一般都是先由老师给定题目。如果老师没有给题目,我们可以根据参赛要求来想一个自己最想讲的话题。将想好的题目在白纸的中间写下来,并用圆圈圈起来。

2. 定框架

想好题目后列框架。演讲的框架分为开场、中场、收场。开场可以观众互动破冰,说出主题,引爆全场;中场可以讲故事,用故事来论证自己的主题,故事可以讲一个,也可以讲两个，甚至三个，要根据演讲的时间来定；收场就是总结观点，再次强调、升华观点。

3. 定技巧

当孩子将题目和框架列好后，就要来定技巧。比如，开场可以用学过的热点开场法、感恩开场法、故事开场法、赞美开场法、提问开场法、道具开场法等；中场可以用学过的时间轴、黄金圈和凡事讲三点；收场可以用学过的想象法、总结法、提问法、呼吁法、感谢法、金句法等。开场、中场、收场技巧的选定要让孩子根据演讲的内容来定。确定好技巧后，可以让孩子在开场、中场、收场中选取一到两个技巧写在思维导图上。

4. 定故事

当题目、框架、技巧都定好了时，就像一本书已经有了目录，你需要往里面填内容了。孩子需要根据定的技巧来想相应的故事，若孩子没有想出相应的故事，可以用前面讲到的方法去寻找故事。可以用问自己和问他人的方式，或者父母、朋友一起头脑风暴。

5. 定金句

当前四步已经完成时，就像一幅画已经画好了，但是还差点睛之笔。这时，一定要为这篇演讲稿想出一个金句，这个金句可以是名人名言，也可以是自己根据名人名言改编的一句话。创造金句的方法在第五章已经讲过了,孩子可以再回去看一下。

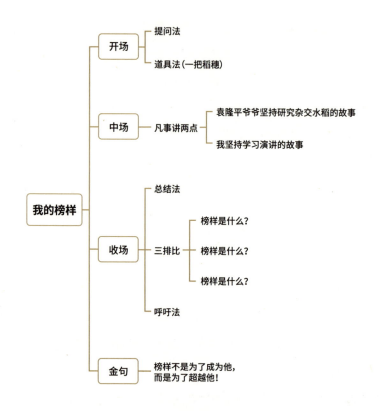

最后,让孩子看着思维导图,按照思维导图写的内容,用语音转文字的 App 把所有的内容依次说下来就好了。

在说演讲稿的过程中一定要注意三个小细节:

○ 孩子在说演讲稿的时候会因为普通话不太标准,出现一些错别字，这时先让孩子说完后，再去改错别字，不然孩子的思路会被打断。

○ 孩子会出现不敢开口的情况，父母一定要减轻孩子的心理负担，告诉他，第一次能写出来就是惊喜。

○ 写完后，让孩子一边读一边修改，并预留好空格。空格的处理，会让孩子在看演讲稿时，更加清晰直观。

有些父母问："茜茜老师，还有更简单的方法吗？"当然有，那就是直接用列提纲的方式来搭写结构。

【简单版】

题目：烈火英雄

开场：道具法＋提问法——消防员服装

中场：凡事讲两点——5岁去消防站游学的故事、新闻里听到的故事

收场：呼应法＋呼吁法——总结上面的观点

金句：只有人人奉献自己的力量，才能造就日益强大的祖国。

【文稿展示】

烈火英雄

尊敬的老师，亲爱的同学们，大家好！我是李禹辰。你们看我今天穿的衣服有什么特别的地方吗？是的，这是身消防员的服装。

孩子一学就会的实战 演说课

我今天想跟大家分享一下《烈火英雄》。

我4岁那年，曾跟随幼儿园老师一起走进大坪消防支队游学。那天我看见了火红的消防车，穿着橙色衣服的消防员、各式各样的消防工具，其中，消防车上的梯子引起了我的注意。

我问："叔叔，为什么消防车上有梯子？"

叔叔回答我说："有时我们去救人时，人在高处，必须要借助云梯才可以。"

听完叔叔的解答，我若有所思地点点头。在那一次的游学中，我知道了如何寻找逃生通道，知道了如何打开消防栓，知道了如何使用灭火器，更知道了消防员叔叔们的不容易。

他们是用自己的生命，来保护那些被火灾侵害的人。

我和我的妈妈每天早上都会趁着吃早餐的时间，打开天猫精灵来听新闻。有一天，我听见《人民日报》新闻说，昨天晚上，一处房屋起火了，到处都是火。消防员杨科璋抱着一名两岁的小女孩，在漆黑中摸索着寻找出口，却在寻找出口的过程中不慎踩空，从五楼坠落。人在坠楼时，应本能地张开双手来保护自己，而杨科璋做了一件我们都意想不到的事情。他紧紧地将小女孩儿护在怀里，用自己的身体保护了小女孩。当人们扑灭大火后，发现女孩儿还活着，而消防员杨科璋却永远离开了我们。

他留给人间的最后一句话是："大姐，我救你女儿出去，你放心。"

消防员，是人民安全的守护者，是和平年代离我们最近的英雄。他们救黎民于水火，解百姓于危难，却很少被人看见。

当我听见这条新闻时，心想消防员真勇敢，可以用自己的生命去保护别人的安全。

今天，这一身橙色的衣服，它不仅仅是一身橙色的衣服，它更传递着消防员精神，这种精神，关于帮助，关于奉献，关于责任。作为小学生的我们，虽然不能像消防员一样奉献出自己的生命去帮助受火灾困扰的人，但是，我们可以为祖国奉献出自己一份小小的力量。

所以，现场的朋友们、同学们、小朋友们，让我们以自己微薄的小小的力量，为我们的祖国妈妈做出小学生应该有的贡献。只有人人奉献自己的力量，才能造就更强大的祖国。谢谢大家！

写演讲稿就是一个抽丝剥茧的过程，一旦孩子把"写稿五步曲"这个方法用熟了，就能快速写稿，且快速地拥有写稿灵感和写稿思路。车尔尼雪夫斯基说："灵感是一个不喜欢采访懒汉的客人。"所以，孩子们要多思、多写，这样，对小学写作文也会极有帮助。

一直践行"写稿五步曲"的父母反馈说："我家孩子用写稿五步曲的方法写作文，一周内连续两次被老师表扬说作文写得很好，还在全班朗读了孩子的作文。"此方法有用，你尽管去用。

孩子一学就会的实战 演说课

练一练：

以"梦想"为题写一篇演讲稿。

第 6 章

演讲稿写作：教孩子快速写出一篇优秀的演讲稿，为演讲赋能

🎤 提升写稿能力的"捷径"：教孩子拆解他人的演说稿

> 写作和演讲是未来必备的两大技能。
>
> ——得到创始人

在从事青少年演讲教学中，有 70% 的孩子都觉得写稿很难，经过我深入地分析发现，难住他们的是他们自己觉得难的思想。一旦一个人的思想觉得难了，行为和语言就会觉得难，自然也就做不好事情。

有一次，一个学生跟我说："老师，写演讲稿好难，我不会，有没有写稿的捷径呢？"

我说："孩子，你开始写稿了吗？"

他说："还没有。"

我说："你都没有开始写，怎么知道很难呢？"

孩子一学就会的实战 演说课

他说:"其他同学都说很难,所以,我就觉得很难。"

我说:"孩子,写稿到底难不难,只有自己试过之后才知道。"

其实,在孩子写稿的这条路上,也有很多父母跟我说:"老师,我们帮孩子写稿,孩子好好准备不就可以了吗?为什么非要自己写稿?"演讲的文字是由心而发,孩子不自己写稿,怎么做到由心而发,找到演讲心流的感觉,去打动他人呢?演讲稿一定要是孩子自己写,他才能在演讲时,流露出自己内心最真实的声音、最真挚的情感,才能真正地打动现场的观众。

下面这篇文章是《超级演说家》中,孩子们非常喜欢的一篇演讲。

Yes, we can。这是美国总统奥巴马在竞选时的一段演讲,他说 Yes, we can。今天在《超级演说家》的舞台上我也想告诉大家,Yes, I can。是的,我能。

我今年 11 岁了,5 岁时我就坚定了一个梦想,一定要做未来的领袖,虽然现在的我只是一个 11 岁的孩子,但是我一直为了这个梦想努力奋斗着。

4 岁时我说我要在两年内说一口流利的英文,没有人相信我,包括我那连 26 个英文字母都不太会的父母,但是我说 Yes, I can。两年后我不仅说着一口流利的英文,还在嘉峪关长城上为来自世界各地的游客做翻译、导游,而且一直坚持

第6章

演讲稿写作：教孩子快速写出一篇优秀的演讲稿，为演讲赋能

到了现在，在这期间，我帮助了2万多名外国游客。

有一次我来到北京旅行，当我回到宾馆时，我见到了一位精神矍铄的外国老人，当老人问我你的梦想是什么时，我说我想成为一名像领袖一样伟大的人。本以为他也会像别人一样说我的想法幼稚，可是他说我相信你可以，因为一个拥有梦想并为之坚持不懈的人，是令人尊敬的。一直到现在，我都忘不了他，是因为他是给我肯定的第一个人。后来我才知道他就是好莱坞蒙纳瑞克斯电影公司的总裁克里斯蒂·里比先生，是一名著名的导演。

爱和梦想，是生命中最好的养料，即使是一捧清泉也能让生命之树茁壮成长，父母的爱就是我成长中最好的养料。

201X年，家里欠了200万的外债。在那个冬天，我们是靠着100多斤白菜、100多斤土豆来维持生活的，但即使是这样，父母依然用省下来的钱为我买书。

我真的感谢我的父母，如果不是他们坚定地支持我的梦想，相信我就没有现在的一切。我同样要感谢里比先生和所有肯定我的人，是你们让我坚定着自己的梦想。当你在追求梦想的过程中徘徊不定时，就把眼前的事做好吧，谁也不知道明天会发生什么，但只有行动才能决定下一刻你们的未来，Yes, I, can。

为什么我会把这篇演讲稿拿到这里给各位父母看，因为孩子写稿的捷径就在里面。想要让孩子快速学会写稿，就要

学会把他人优秀的演讲稿拿出来：

◎ 看一遍

◎ 读一遍

◎ 拆一遍

◎ 改一遍

孩子拿到这篇优秀的演讲稿可以先看一遍，再读一遍，然后，再对这篇演讲稿进行拆解。

Yes，we can。这是美国总统奥巴马在竞选时的一段演讲，他说 Yes，we can。今天在《超级演说家》的舞台上我也想告诉大家，Yes，I can。是的，我能。

（名人开场法，可以更加具有公信力）

我今年11岁了，5岁时我就坚定了一个梦想，一定要做未来的领袖，虽然现在的我只是一个11岁的孩子，但是我一直为了这个梦想努力奋斗着。

（点出主题）

4岁时我说我要在两年内说一口流利的英文，没有人相信我，包括我那连26个英文字母都不太会的父母，但是我说 Yes，I can。两年后我不仅说着一口流利的英文，还在嘉峪关长城上为来自世界各地的游客做翻译、导游，而且一直坚持到了现在，在这期间，我帮助了2万多名外国游客。

（第一个故事）

第6章

演讲稿写作：教孩子快速写出一篇优秀的演讲稿，为演讲赋能

有一次我来到北京旅行，当我回到宾馆时，我见到了一位精神矍铄的外国老人，当老人问我你的梦想是什么时，我说我想成为一名像领袖一样伟大的人。本以为他也会像别人一样说我的想法幼稚，可是他说我相信你可以，因为一个拥有梦想并为之坚持不懈的人，是令人尊敬的。一直到现在，我都忘不了他，是因为他是给我肯定的第一个人。后来我才知道他就是好莱坞蒙纳瑞克斯电影公司的总裁克里斯蒂·里比先生，是一名著名的导演。

（第二个故事）

爱和梦想，是生命中最好的养料，即使是一捧清泉也能让生命之树茁壮成长，父母的爱就是我成长中最好的养料。

201X年，家里欠了200万的外债。在那个冬天，我们是靠着100多斤白菜、100多斤土豆来维持生活的，但即使是这样，父母依然用省下来的钱为我买书。

（第三个故事）
（中场用了凡事讲三点，来论证他为梦想做的努力）

我真的感谢我的父母，如果不是他们坚定地支持我的梦想，相信我就没有现在的一切。我同样要感谢里比先生和所有肯定我的人，是你们让我坚定着自己的梦想。

（感谢法结尾）

当你在追求梦想的过程中徘徊不定时，就把眼前的事做

孩子一学就会的实战 演说课

好吧,谁也不知道明天会发生什么,但只有行动才能决定下一刻你们的未来。(呼吁法)Yes, I can。(前后呼应,呼应开场的 Yes, we can。)

下面这篇演讲稿是一个孩子看一遍、读一遍、拆一遍后,自己把里面的案例换了,完成了属于自己的第一篇演讲稿。

Yes, we can。这是美国总统奥巴马在竞选时的一段演讲,他说 Yes, we can。今天在五星红旗下我也想告诉大家,Yes, I can。是的,我能。

我今年9岁了。6岁时我就坚定了一个梦想,一定要做一名优秀的演说家。虽然现在的我只是一个9岁的孩子,但是我一直为了这个梦想努力奋斗着。

4岁时,父母为我报了语言班,希望我可以吐词清晰、发音标准,以后有更多的机会上台展示。我也非常努力地学习。记得,我5岁时为了练习好平舌音和翘舌音的发音,我把自己的嘴巴都练得抽筋了。现在,我是我们班级里普通话说得最标准的孩子,每次学校有活动,老师第一个就会想到我。

7岁时,我凭借自己的努力,过五关,斩六将获得了去北京参加全国语言类大赛的机会。我问老师:"老师,这次我能得什么奖呢?"老师说:"你想得什么奖就会得什么奖,只要你足够努力,就都可以。"最后,在老师的帮助下我获得了语言类大赛的金奖。

爱和梦想,是生命中最好的养料,即使是一捧清泉也能让生命之树茁壮成长,父母的爱就是我成长中最好的养料。

我在8岁那年,因为一场比赛失利,对语言学习失去了信心。我的妈妈并没有像其他父母一样批评我,而是对我说:"宝贝,失败是你成长路上经常会遇到的事情,你可以难过,但难过后,请你勇敢地面对。妈妈会一直陪着你。妈妈永远相信你,一定可以成为一名出色的演说家。"

我真的感谢我的父母,如果不是他们坚定地支持我的梦想,相信我就没有现在的一切。我同样要感谢我的老师和所有肯定我的人,是你们让我坚定着我自己的梦想。现场的同学们,当你在追求梦想的过程中徘徊不定时,就把眼前的事做好吧,谁也不知道明天会发生什么,但只有行动才能决定下一刻你们的未来。Yes, I can。

父母要注意孩子在写稿时,可能会发生以下几个情况:

○ 不知道如何下笔,可以先把文中的案例换成自己的案例。

○ 案例一定要真实,不能胡编乱撰,唯有真实才能触动自己、触动他人。

○ 当孩子实在想不出案例时,可以和父母一起头脑风暴,一起来想。

宣永光说："困难是欺软怕硬的。你越畏惧它，它越威吓你；你越不将它放在眼里，它越对你表示恭顺。"所以，在孩子写稿的路上，一定不要害怕，要大胆尝试，只要用这个写稿捷径完成了第一篇演说稿，孩子在写稿路上就成功了 90%。

练一练：

融入自己的故事，改写《Yes，I can》这篇演讲稿。

第 6 章

演讲稿写作：教孩子快速写出一篇优秀的演讲稿，为演讲赋能

🎤 标题创新，让孩子的演讲与众不同

> 创新是星星之火，点燃生命激情；创新是活力之源，孕育企业春天。
>
> ——计方胜

在去年第四届演说家大赛上，基本上所有孩子的演讲标题都是陈述句，比如，《我的梦想》《我的偶像》《我最难忘的事情》等。每次听到这样的标题我能瞬间想到它后面会讲什么内容，让我不太想听接下来的演讲。而有一个孩子的演讲让我眼前一亮，他的题目是《我失败了，我却很开心》。我神游的思绪，一下子因为他的题目被拉了回来。

演讲结束后，我去采访现场的观众，问："哪位演讲者的题目，你们最感兴趣？"

他们说："就是那个很有悬念的演讲题目，叫《我失败

了，我却很开心》。"

我接着问："为什么你们对这个题目记得清楚呢？"

有人回答说，他的演讲很有悬念，让人想听；有人说，我对他的题目很感兴趣；还有人说，他的题目太吊人胃口了，让我忍不住想知道他为什么失败了却还笑了。

由此可知，在演讲中一个好的标题会吸引观众眼球，孩子不需要开口就已经赢得观众的心。父母一定要知道，在孩子写演讲稿的过程中，一半的时间，要用来想一个标题！标题是要琢磨的，一句一句、一个字一个字地琢磨。但是现在有很多标题党，标题和内容风马牛不相及，这种做法是不太可取的，孩子的演讲标题可以适当夸张，但是标题必须紧扣内容。如果题目和演讲稿不匹配，会导致观众有被欺骗的感觉。

接下来分享 4 个写标题的技巧：

1. 巧用数字标题

○ **案例 1**

使用前："不坚持和坚持的区别"

使用后："坚持 0 天和坚持 1 000 天的区别"

○ **案例 2**

使用前："空调节能省电"

使用后："1 晚 1 度电"

○ 案例 3

使用前:"快速充电,通话持久"

使用后:"充电 5 分钟,通话 2 小时"

孩子巧用数字更能够吸引观众,且研究表明:"奇数比偶数更具吸引力!"

2. 巧用对比做标题

"为什么你这么努力,还是考不了 100 分?"

"你期末考试 80 分,同学期末考试 100 分,是你不够努力吗?"

○ 对比标题分享:

生有限,活无限——香港某电信公司

掀波澜,也能挽狂澜——雷克萨斯

境界愈大,自视愈小——宝马

没有一定高度,不适合如此低调——万科兰乔圣菲

你有一颗比十万八千里还远的心,却坐在不足一平方米的椅子上。——别克昂科拉

三毫米的距离,一颗好葡萄要走十年——长城干红

这种取标题的方法会让孩子的演讲直击观众的痛点,让观众去想为什么,然后,孩子来解答观众的疑问!这样取标题不仅可以让观众去进行自我思考,还能让观众觉得孩子的演讲很厉害。

孩子一学就会的实战 演说课

3. 巧用热点做标题

"学习谷爱凌好榜样,每一次尝试,都是超越。"

"从失败走向成功,看中国女足的奋斗史。"

孩子在写演讲标题时,用名人效应、品牌效应,可以扩大内容的影响力,让观众更加想听他的分享。那热点有哪些呢?名人、明星、热点事件、新闻事件、节假日等都是热点。

4. 巧用反向思维做标题

"我每次考试都是 100 分,却想辍学……"

"没有练习演讲,却每次演讲都能拿冠军……"

"老师告诉我:当初选我当班长是因为我'傻'……"

孩子的演讲标题用反向思维,输出不合常理的观点,会让观众产生疑问,让观众特别的好奇。但要注意不要为了好奇而好奇,一定要和文章完美的匹配起来。

练一练:

用以上其中一个方法写三个演讲标题。

第7章

舞台展现：在舞台展现最好的自己，成为人气王

孩子一学就会的实战 演说课

🎤 教孩子学会运用肢体语言,增强舞台张力

> 手势语是人的第二张脸。
>
> ——知名演说家

我在中国传媒大学看过一位老师的演讲,她穿着浅蓝色牛仔裤和白色衬衫,面带笑容,大步走上舞台。她的声音缓缓响起,步伐随着演讲内容随意移动,她的手几乎没有放下来过,她习惯用肢体动作强调演讲内容。她的目光很少长时间离开观众,跟观众的目光交流,让她的演讲更加精彩和扣人心弦……

当她站在舞台上,全场的焦点就会被她吸引。在她条理清晰的讲解下,总能让我们一下子抓住重点。除了演讲稿的用心处理,富有节奏的语言技巧也让人钦佩,肢体语言所透露的权威性也让人深深折服。

第 7 章
舞台展现：在舞台展现最好的自己，成为人气王

毫无疑问，她是一位演讲高手。在她的演讲中，很少会看到她没有肢体动作的时候。她总是从容的，使用各种能表达她当时心境的肢体语言。所以，孩子在演讲中，加入恰当的肢体语言，会增加演讲的力度。而且，肢体语言也可以表现出一个孩子的气质、气势及气韵，这些在演讲中极为重要，很大程度上影响着观众的判断。

在演讲中有一个定律叫"73855 定律"，指的是 7% 的内容、38% 的语音语调、55% 的肢体动作。从这个定律中我们可以知道，肢体动作在演讲中占到的比重非常大，所以，肢体动作在演讲时是非常重要的。

在我演讲的教学过程中，90% 同学在演讲时，都愣愣地站在台上，一只手紧紧地贴着裤缝，给人一种呆板、不自在、紧张的感觉。不过，在演讲时手舞足蹈也是不可取的，会让观众眼花缭乱，很难将精力集中在你的演讲内容上。孩子们在使用肢体动作时，要把握一定的技巧，才能让肢体动作发挥应有的作用。

1. 动作超过肩膀

在演讲中，孩子在开场、讲积极的故事和很有力量的收场时一定要让孩子的动作尽量超过肩膀，这样会给观众积极、正向的感觉。如果孩子的动作没有超过肩膀，动作频繁出现在腰部的位置就会让观众觉得很奇怪，孩子演讲的气场也会整个往下掉。

孩子一学就会的实战 演说课

上周三,刘芳在班会上分享《截至目前,最难忘的事情是什么?》,他因为太紧张,在说最难忘的事情的三点原因时,频繁把"1,2,3"的手势放在了腰部以下的位置。而同班同学张默在分享这个话题时,说到"1,2,3"时,都是把动作超过了肩膀,大家在投票时统一都觉得张默的演讲比刘芳的演讲更自信、更有气场。

所以,父母在陪伴孩子练习演讲时,一定要让孩子的动作超过肩膀,但讲悲伤的故事时动作可以不用超过肩膀,与肩同高就好了。

2. 动作要有力度

很多父母反映说:"茜茜老师,我家孩子演讲得挺好的,就是总感觉没有气势,不能给人积极向上的感觉。"其实,这也是很多孩子在最开始学习演讲会遇到的问题。

这时,父母要跟孩子强调做动作一定要有力度,要做到外松内紧。同时,要问孩子为什么动作一定要有力度。孩子不知道时,父母可以告诉他说:"演讲是给人传递积极向上、具有正能量的,动作有力度能更好地诠释积极正向的价值观,向观众传递正向能量。"只有让孩子知其然,并知其所以然,他才会真正从内心改变。

那哪些地方需要加强动作的力度呢?有力量的文字出现时,动作也要有力度。例如,在演讲中出现"我相信我一定可以""我为我的祖国感到无比骄傲""他可以,我也可以"

等。在励志演讲的结尾处,都可以加强动作的力度,这样可以更好地烘托感情。

3. 动作和文字环环相扣

有家长说:"茜茜老师,我家孩子不知道如何做动作。"其实,动作一定是跟文字环环相扣的,不是凭空出现的。

昨天,在辅导尧尧参加国旗下的讲话时,我说:"尧尧,所有演讲中出现的数字都要加动作,数字是多少,我们就做什么样的动作。演讲稿中你要对观众提问,可以把手往前伸,然后停顿三秒收回来;演讲稿中表示强调的句子,都可以把食指竖起来放在耳朵边点三下。演讲稿中出现'所有'这两个字时,都可以做由外到内滑动的动作。"

还有很多细节的动作,只要是跟文字相匹配的肢体动作都是可以做的。演讲的动作来源于生活,只需要把生活中的动作放到演讲稿中就好了。

练一练:

找一篇演讲稿为其设计动作,然后在班上讲出来。

善于运用眼神交流,孩子的演讲就会自信又大方

> 眼睛是心灵的窗户,书本是智慧的明灯。
>
> ——达·芬奇

张毅是一所初中的学生,学习成绩优异,这周他要代表学校去参加区里关于《民法典》的演讲。演讲稿已准备好,他也在父母面前练习了好几遍,还刻意搜了一些优秀演讲者的演讲视频观摩学习。张毅发现,这些演讲者都特别注重与观众的眼神交流,于是在父母的帮助下张毅着重练习了自己和观众交流的眼神,并通过89遍的刻意练习,将有眼神处理的地方牢牢记在了心里。

比赛那天,张毅带着满满的自信,大步走上学术报告

第 7 章
舞台展现：在舞台展现最好的自己，成为人气王

厅。在舞台上站定，张毅并没有急着开口，他先面带微笑，将目光投向了台下的观众，从左至右，再回到中间，中间差不多停顿了 5 秒钟。此时，原本吵吵闹闹的会场，慢慢安静了下来，老师和同学都齐刷刷地盯着台上的张毅。张毅微微一笑，开口讲话了。演讲过程中，张毅时时刻刻都与老师和同学有眼神交流，整场演讲会场出奇安静，竟没有人开小差，每个人都很认真地在听演讲。

爱默生说："人眼睛会话时，其优点几乎与舌头完全一样，眼睛的语言无须借助字典，全世界都能理解这种语言。"是啊！目光可以传递很多信息。孩子作为演讲者，要积极地与观众有眼神交流，不能把自己的下巴或后脑勺留给观众，不然，即便演讲内容再精彩，也无法真正触达观众内心。

很多孩子在演讲时会选择用 PPT，PPT 确实是一个很好的工具。不可否认，PPT 的出现让孩子没有那么紧张，也不用担心忘词，但家长一定要注意，孩子千万不能出现转过身去逐字逐句地念 PPT 的情况。当孩子眼神长时间离开观众，会给观众留下特别不好的感觉。

当孩子的目光不在观众身上时，观众的目光就会被其他事物所吸引，如手机、聊天等。所以，孩子在演讲时不仅要学会用嘴巴说话，还要学会用眼神交流。掌握必要的眼神交流技巧，就会牢牢抓住观众的注意力。

1. 眼神要笃定

人常说,说话要让人有信任感。那么这种信任感源于哪里?源于你说话时笃定的态度和眼神。笃定的眼神来自对自己说话内容的坚信,来自内心的真诚和坦然。

父母可以试想一下,孩子去演讲"如何成为一个自信的孩子?"时,他眼神闪躲,左顾右盼,完全不敢看观众。请问你愿意去听,或者愿意相信他分享的内容吗?95%的人都会说不愿意,所以,我们一定要训练孩子笃定的眼神。

训练眼神的笃定,可以用正定法,让孩子在自己前方2～3米远处,选一个点。这个点可以是墙上的钉子,也可以是桌子上的花,还可以是家里的一幅画中的一个物品,进行定眼训练。进行定眼训练时,眼睛要自然睁大,眼轮匝肌不宜收得太紧。

孩子双眼正视前方目标上的标记,目光要集中聚焦,不然就会散神。一般注视10～15秒,然后逐步递增时间,父母要注意的是提醒孩子训练一定时间后可以双眼微闭休息。休息好后再猛然睁开眼,立刻盯住目标,进行反复练习。

2. 眼神的变化

张毅上台站好后,没有开口说话,而是先定3～5秒,对全场观众进行目光问好后,再缓缓开口。这种眼神的处理,会让孩子在演讲时更有张力,环视可以让每位观众感受到被重视。环视不仅可以用在演讲的开场,也可以用在演讲的过程中。

除了环视,在演讲时还可以用前后注视和左右注视。你可以第一段对左边的观众讲,第二段对右边的观众讲,第三段前半部分对后面的观众讲,第三段后半部分对前面的观众讲,这样可以和全场观众都有眼神的交流。还可以根据现场的情况进行临场应变的调整,哪边观众没有注意听,你就可以把目光看向哪边。这样做你会发现,没注意听的观众慢慢会听你讲。所以,在演讲时要合理运用眼神的前后注视、左右注视和环视。

3. 眼睛要微闭

在演讲中,微闭眼睛有其特殊意义。通常情况下,人每分钟眨眼5~8次,眨眼超过一秒即为闭眼。在演讲中正确运用闭眼,会达到不错的效果。例如,在怀念某人、某物或某个瞬间,或传递某种特殊情感时都可以暂时闭目,会使情感传递更真切、更深刻。

练一练:

找一篇演讲稿为其设计眼神,然后在班上讲出来。

🎤 让孩子台上受欢迎的秘籍：学会照顾台下的观众

> 对别人述说自己，这是一种天性。
>
> ——歌德

唐峰参加了学校的演讲比赛，要进行国旗下的讲话。他交给老师第一次写的演讲稿，老师看后说："演讲稿写得不错，可以再把价值感传递写得更好一些。"于是，唐峰又重新去调整演讲稿，经过两天的时间又写好了演讲稿，老师看后说："这次演讲稿的干货很多，但是感觉内容干巴巴的，让人不太想听，可以多运用故事来论证干货。"

唐峰又一次回去修改演讲稿，演讲稿几经修改，终于获得了老师及同学们的肯定。

第 7 章
舞台展现：在舞台展现最好的自己，成为人气王

比赛时间到了，轮到唐峰上台时，他抬头挺胸，迈着自信的步伐走上了讲台，将这篇既生动有趣，又价值感十足的演讲稿讲了出来。最后，台下的同学纷纷叫好，说："这篇演讲太棒了，太有价值了。"

其实，唐峰的演讲之所以受到同学们的喜欢，是因为他在整篇演讲中不仅提供了满满的干货，还在老师的建议下稳稳地抓住了人们对于故事的需求。世界上的每一个人都喜欢听故事，故事可以让观众记住你是一个什么样的人。

那么，孩子在演讲时，除了讲故事，还可以运用哪些技巧让自己的演讲受欢迎呢？

1. 传递价值

如果父母看过《超级演说家》，或者 TED 的演讲，就会发现无论是任何人的演讲，都在传递不同的价值和价值观。残疾主持人梁艺在《超级演说家》的舞台上诉说着自己的故事，并向观众传递着珍惜当下、努力生活的价值观；TED 演讲者在《别不信，你只需 20 个小时，就能学会任何事情！》中，向观众传递了如何通过 20 个小时学会一门技能；在 2018 希望之星的比赛上，一名初中生以《从教育角度，浅谈竞赛是如何帮助学生应对挑战》的演讲稿，向观众传递了是想让自己臣服在困难面前，还是让困难跪服在你的面前的思想。

他们的演讲都在现场受到了大家的认可和欢迎，每次演

讲结束,观众都给予了认可的掌声和微笑。所以,孩子在演讲时想要受欢迎,一定要让观众从演讲中听到价值和价值观。要么让他们的思想认知得到升华,要么让他们收获到有用的方法论和实操技巧。

2. 认可开场

每个人到陌生的场合演讲时,都希望自己站上舞台就能被现场观众所喜欢。当然,孩子也是这样想的,因为受观众喜欢才能让孩子的演讲内容更容易被观众所接受。这时,孩子可以多用认可法,快速让观众喜欢你,让你更快地受欢迎。

阿周是一所高校的学生,他受邀去其他学校进行演讲。演讲那天,他信步走上舞台,面带微笑,说:"在我来演讲之前,就听张主任说咱们这所大学的学生都特别的热情,特别爱学习。今天,我很荣幸来到这里感受大家的热情,并和大家一起分享《如何高效地沟通?》。"

阿周这番话刚说完,现场不仅响起了雷鸣般的掌声,还响起了热烈的欢呼声。在阿周演讲的过程中,同学们不仅认真听分享,更是在阿周讲到高潮时鼓起热烈的掌声。

认可法也是我每次演讲时都会用到的方法,每次效果都很好。这个方法可以让孩子多运用,因为生命的本质就是渴

望被认可。用认可法时一定要注意三个点:

○ 认可要认真观察。

○ 认可要提前准备。

○ 认可要出于真实。

3. 送礼物

在演说家的舞台上,演讲者在演讲后,把一袋子的黄瓜分享给了现场的评委。其中,一个评委说:"这是我吃到的少有黄瓜味儿的黄瓜,现在很多黄瓜是没有黄瓜味儿的。"紧接着,这位评委就给他推杆了。还有一次,余崇正上台演讲时,直接带了一篮子的山楂糖,分享给评委和现场的观众。评委和观众一边开心地吃山楂糖,一边听他的演讲。

送礼物这个技巧孩子也可以用,但要注意三个点:

○ 礼物一定要跟演讲的内容相关联。

○ 礼物一定要小,不要太贵重。因为观众在意的不是礼物贵不贵重,而是有没有礼物。

○ 礼物可以开场送,也可以结尾送,要根据整个演讲稿的设计来。

家长应该参加过讲座,在讲座中有一些问答环节,观众提出问题或者回答问题后,演讲者都会给参与问答的人派送礼物。这个礼物看似是送给参与者的,其实很多时候是送给大家看的,因为人都喜欢凑热闹,大家看到有人得到礼物后,也希望自己能跟着凑个热闹,于是便主动参与到问答环节中，这样一来现场的气氛和注意力就被调动起来了。在演讲中用这个技巧，孩子的演讲自然更受欢迎了，同时，也照顾到了现场的观众。

练一练：

> 如果你做一篇演讲，你想为观众传递哪些价值？

第 7 章
舞台展现：在舞台展现最好的自己，成为人气王

🎤 没有什么比真诚的笑意更能拉近与观众的距离了

> 微笑是一种神奇的电波，它会使别人在不知不觉中同意你。
>
> —— 卡耐基

2014年，比尔·盖茨夫妇的身影出现在美国斯坦福大学的毕业典礼上。夫妇二人站在毕业演讲台上，台下掌声一片。他们面带微笑望向台下，和现场的同学交流，掌声慢慢停止了。比尔·盖茨说："祝贺2014届的毕业生们！"台下又是掌声一片。

比尔·盖茨接着说："能来到这里，我和梅琳达感到非常高兴。对于任何人来讲，可以受邀来到斯坦福大学做毕业演讲，那都是一件令人兴奋的事，我们更是如此……"

中途，比尔·盖茨的夫人说："很多人用'书呆子'来形

容你们，听说你们很享受这个称呼的。"

比尔·盖茨接着夫人的话，面带微笑地说："我们也非常喜欢。"然后取下了自己的眼镜，戴上了象征"书呆子"的眼镜，台下掌声雷动。

当他换下眼镜时，笑着说："这和我平时用的眼镜比，也没什么不同……"又引得台下笑声一片。

比尔·盖茨在演讲时善于运用微笑，尤其当他注视台下时，嘴角总是上扬，和善的面容让你忘记了他是世界首富，只是位智慧的长者。

在我的教学中，很多孩子在准备演讲时，很注重演讲稿的内容，细心打理自己的衣着配饰，上台前还不放心地检查一下自己的头发是否乱了，领结是否歪了……却没有意识到自己的面部表情。如果孩子带着不笑的表情走上台，面对台下观众，就瞬间拉开了与观众的距离。换位思考，如果你是观众，看到演讲者面若冰霜、讲话时怒口相对，你还愿意听吗？还会被他的话所吸引吗？

所以，孩子要学会适时给予观众微笑，以此来拉近与观众的距离。当看到你亲切的微笑，观众也会给你善意的回应。孩子学会如何微笑，学会展示微笑，就好比拥有了打开观众心灵的魔法钥匙。

1. 用眼睛微笑

在戏曲行业里有这样一句行话，叫作"一身戏在于脸，一脸戏在于眼。"这说明了在舞台上演员的眼睛是非常重要的。

而很多孩子在微笑时,就是"假笑"。微笑不是随意扯下嘴角就好了,这是皮笑肉不笑,孩子这样笑只会让观众觉得孩子笑得很奇怪。真正的微笑是一种自信的表现,是由内心散发出来的自信和美好。孩子要学习用眼睛微笑,会让微笑更传神,显得更亲切。我的学生尹一捷就非常擅长用眼神来微笑,所以她每一次演讲都非常打动人心。

那如何训练用眼睛微笑呢?不妨试一下镜子练习法。

首先,拿一张纸遮住眼睛以下的部位,然后对着镜子想令你高兴的事,露出最自然的微笑,眼睛周围的肌肉可以微微用力,这样眼睛周边也会处在微笑状态。一般每天进行5分钟镜子练习法,能坚持练习三个月的孩子的微笑就可以特别传神。

2. 语言和微笑

在哪些语言中,孩子可以加入微笑呢?孩子在演讲中,讲到某个笑话或是调侃某件事时,可以适时加入微笑;在表达赞美时,可以加入微笑;演讲开场的时候,也可以加入微笑。

我们试想一下,孩子一本正经地讲一个笑话,会让观众有不协调的感觉吗?孩子在语言的表述中,光说不笑或是光笑不说,会影响演讲效果吗?孩子在开场时,面无表情地走上舞台,会拉近观众的距离吗?

所以，孩子一定要学会在适当的时候加入微笑。孩子的微笑要懂得收放自如，不能从头到尾保持微笑，这样会给观众很假的感觉，尤其是不该笑的时候千万不能笑，比如在讲述很难过的故事时。孩子在演讲中，懂得适时微笑，效果才会更好。而所有的微笑，都要结合语境和文字来调整和设计。

3. 分场合微笑

面对严肃的话题，微笑显然是不合时宜的。那么哪种话题不适合加入微笑呢？比如在讲述他人不幸的故事时，在讲述自己被父母、老师和长者批评的故事时，切记，不要面带微笑。但有一点需要注意，无论是何种主题的演讲，在上台与下台时保持微笑，都会给观众留下很好的印象。

练一练：

> **每天练习三分钟的微笑，坚持 21 天。**

第 7 章

舞台展现：在舞台展现最好的自己，成为人气王

🎤 教孩子巧用提问和掌声，增强和观众的互动

> 善问者，如攻坚木，先其易者，后其节目。
>
> ——《礼记·学礼》

下面这篇演讲稿是尧尧在国旗下讲话的一篇演讲原稿：

每个星期一的清晨，我们学校都会举行升旗仪式，伴随着庄严的国歌声，鲜艳的五星红旗冉冉升起。作为新时代的少先队员，当你们看到五星红旗的时候，你会想到什么呢？是奥运会场上中国健儿奋勇夺冠时，会场上冉冉升起的五星红旗，还是我国的宇航员们带着五星红旗一起飞向太空？五星红旗是中华人民共和国的标志与象征，在每一个重要的时刻，我们都会看到它。那么，大家知道五星红旗的由来吗？1949 年 6 月 15 日，中国人民政治协商会议筹备委员会在北

京成立,为即将诞生的新中国制定国旗。

因为开场和观众的互动不多,让现场氛围无法快速破冰,于是,我和尧尧商量,我们将提问和掌声的技巧加了进去。

现场的老师和同学们,你们看我手里拿的是什么?(此时,尧尧手里拿的是一面五星红旗)全场同学说:"五星红旗。"

尧尧接着说:"哇!回答得太棒了!掌声送给大声回答问题的你们。"接着全场响起了热烈的掌声,足足延续了5秒。

尧尧接着说:"是啊!这是一面鲜艳的五星红旗。每个星期一的清晨,我们学校都会举行升旗仪式,伴随着庄严的国歌声,鲜艳的五星红旗冉冉升起。作为新时代的少先队员,当你们看到五星红旗的时候,你会想到什么呢?是奥运会场上中国健儿奋勇夺冠时,会场上冉冉升起的五星红旗,还是我国的宇航员们带着五星红旗一起飞向太空?五星红旗是中华人民共和国的标志与象征,在每一个重要的时刻,我们都会看到它。那么,大家知道五星红旗的由来吗?1949年6月15日,中国人民政治协商会议筹备委员会在北京成立,为即将诞生的新中国制定国旗。"

看到这里,是不是会发现尧尧在演讲中加入了提问和掌声的技巧后,瞬间燃爆全场,也瞬间拉近了和观众的互动。

第 7 章

舞台展现：在舞台展现最好的自己，成为人气王

在一场演讲中，观众互动越多，就越容易喜欢上这场演讲，越容易喜欢上演讲者。那除了提问和掌声的互动方法，孩子在演讲时还可以使用哪些互动方法呢？可以参考以下几种。

1. 挥手

孩子演讲时从台下走上演讲台，一般需要三十秒。在这三十秒中，有的孩子只是单纯地走上去，有的孩子会边走上台边向观众挥手示意。孩子只是单纯地走上台，容易给观众造成一种距离感，会让观众觉得孩子高冷。孩子边走边打招呼，会让观众感觉孩子很亲切，甚至很熟悉。

当孩子给观众营造出熟悉感时，观众自然更愿意接受孩子。现在的一些综艺节目，嘉宾在出场时会设计很丰富的出场方式，除了挥手，还会配合搞怪的表情、调皮的肢体动作等，再加上与观众的互动，都可以很好地活跃现场气氛。但是这种搞怪的方式孩子要慎用，因为把握不好分寸就会造成哗众取宠的效果。

2. 唠家常

很多公众人物到一个陌生的城市做演讲时，上台之后往往不先说正事儿，而是唠一唠家常。比如说，夸一夸这个城市的风景很有特色、当地的小吃很不错，或者分享初到这个城市遇到的趣事儿等。

2014 年，有一位很厉害的演讲老师在南京的东南大学演

讲。东南大学有一个非常好的传统，那就是举办各种活动之前，同学们都会集体起立，唱校歌。学生们对这种举动习以为常，并不觉得有多么特殊。但这位老师一上台，就发自内心地表达了他对学生集体唱校歌这件事的敬畏。老师一讲完，全场欢呼，学生们有了荣誉感，老师也很快与他们打成一片。

3. 提问

开篇讲到除了我们向观众提问外，还有一种方式，是让观众向我们提问。如何邀请观众提问，也有一定的技巧。让观众向我们提问，通常设置在演讲的末尾。大多数孩子在演讲的最后，会问观众："这就是我今天的分享，大家有收获吗？"一般这样的问话一出，观众席通常鸦雀无声。要是孩子再接上一句："没有的话，我们今天的演讲就结束了。"于是，演讲就在这样尴尬的情形下结束了。

但是，我们用更合适的方式、更得体的措辞向观众提问，或者针对我们演讲的某一部分提问，是不是会好一些呢？

比如，晋杭老师在一次演讲中问观众："我发现大家听得都很认真，那么，关于在演讲中增加互动，大家还有什么疑惑吗？或者大家想听我在演讲中的互动案例吗？"观众听完会从演讲者谈到的这个点开始思考，提出他们感兴趣的问题。

认真回答完观众的提问后，还要记得给予观众口头嘉奖，或者送上提前准备好的小礼物。提问法可以用在演讲的任何阶段，可以是开场的破冰，也可以是某个故事后的提问。

以上是增强互动的技巧，其中，提问法是最有效果的互动方法。除了上台时要注意运用这些互动技巧之外，平时也要有意识地把技巧融入练习当中。

练一练：

> 用其中一种或两种互动方法做一篇演讲。

第 8 章
情商沟通：培养孩子高情商表达力，让相处变得更温暖

第 8 章
情商沟通：培养孩子高情商表达力，让相处变得更温暖

🎤 教孩子学会认可别人，让大家愿意与他相处

> 每年的6月9日为"国际认可日"，旨在推动认证认可在全球的广泛发展。

在一次演讲课结束后，孩子们都走了，彭熙哲走过来对我说："茜茜老师，我发现你上课的时候不仅会教给我们演说的底层逻辑，还会根据每一位同学的具体情况针对性地提出反馈。你做到了因材施教，你真得很棒！"

听完他的反馈后，我马上说："宝贝，你真是一个高情商的人，当你看见他人做得好的地方，马上进行了反馈。你知道吗？不是我棒，是因为你的棒才能发现我的棒。"

彭熙哲听完后开心地笑了起来。

高情商，不仅仅是让对方感觉到愉悦，更加重要的是自己

也是发自内心地想要去表达。你在表达自己的高情商时,遇到同样是高情商的人,你们之间互动的愉悦感和自己获得成功的喜悦感是一样的峰值。其实,高情商就是在日常生活中多去认可他人的优点,看见他人的长处,赞美他人的行为。

作为小学生如何去认可他人呢?可以从以下三个方面着手。

1. 认可他人的外在

比如,衣着打扮、配饰、表情等,就是自己目之所及可以看见的一切。

上周六,我穿了一件蓝色带着水钻的连体职业装和一双尖头有蝴蝶结的白色鞋子给孩子们上演讲课。我刚进教室,学生张霁翔就说:"刘老师,你今天穿得好漂亮啊!"

孩子对我外在的认可,让我原本就美好的心情,更加美好了。我笑着回答道:"宝贝,你有一双发现美的眼睛,我好荣幸成为你的老师。"

张霁翔听完笑嘻嘻地去摆放板凳了。

2. 认可他人的内在

比如,勇敢、坚持、乐观、智慧等等,就是一个人的内在品质和良好的习惯。

刘鸿霖有一个很好的朋友叫程玥源。程玥源非常爱看书，一次课堂上，我说："你们最好的朋友是谁？能为我们讲一下吗？"

刘鸿霖把手高高举起说："我的好朋友源哥，是一个特别爱看书的人。他上知天文，下知地理，他特别钟爱历史书，每一次听他讲我没有听过的历史故事，我都觉得特别新奇。"

3. 认可他人的行为细节

看到生活中他人的好的行为，及时对这个行为进行认可。

高情商课程结束后，我对孩子说："今天的课程结束了，你们上课有用心观察哪位同学的行为细节最打动你吗？"

孩子们仔细地思索了片刻，只见彭逸飞走到陈鑫面前说："陈鑫，你刚刚在刘老师提问后，第一个举手起来回答问题，我发现你进步好大，好勇敢。"

陈鑫站起来回答说："谢谢你，彭逸飞，你是第一个主动来认可我的同学，我好开心。"

所以，孩子们可以从一个人的外在、内在和行为细节去认可他人，要注意的是，你的认可一定要通过认真地观察和用心地表达，千万不可以顺嘴胡乱说。

曾经，我有个学生听课只听一半，他只记住了我说的，要学会认可别人，结果，就开始每天对身边的父母、同学都说一句话："你是一个很棒的人。"最开始大家都觉得他情商高,久了才发现,他只是顺嘴一说,渐渐地大家对他印象由"高情商"变成了"油腔滑调"。

所以,高情商的话都应该通过认真地观察,然后再用心地表达出去,要有理有据有细节。

那孩子可以认可哪些人呢?

○ 自己。一个人最应该认可的是自己,当你心里慢慢充满能量时,你才有能力去认可他人。

○ 家人。为孩子付出最多的永远是家人,我们要教会孩子看见父母的不容易和付出,并让孩子表达出来。

○ 老师。老师是孩子成长路上很重要的人,要教会孩子感恩老师、认可老师、崇拜老师。

○ 同学和朋友。每个人都不是一座孤岛,都需要生活在一个团体里,孩子也不例外,教会孩子认可同学、看见同学的优点和长处。

○ 身边遇见的每一位陌生人。

有一次,我接孩子放学后打车从学校回到家,不知道为什么,一路上司机开得很快,我对豆豆说:"宝贝,司机叔叔好厉害,开得好稳。"

那位司机听到后慢慢降下了车速,越开越平稳。

结果,就在前两天,发生了一件让我又惊讶又开心的事情。在我和豆豆下车时,豆豆突然说:"叔叔,你开车好厉害。"听到这句话，那位司机笑得特别开心，说："谢谢，下车小心点。"

让孩子学会认可吧，它能拉进与朋友和同学之间的距离；让孩子学会认可吧，它能拉进孩子和老师、父母的关系；让孩子学会认可吧，它能激发孩子自身的潜能。

练一练：

> 每天认可自己的三个优点或者做得好的地方。

孩子一学就会的实战 演说课

🎤 不仅会说更要会听,这样才能让人如沐春风

> 耳朵是通向心灵的路。
>
> ——伏尔泰

心理学研究表明:人喜欢倾听者,胜于善说者。每个人的内心都渴望被身边的人尊重,其实,想要做到倾听不容易,因为每个人都有强烈的倾诉欲望和表达欲望。

我有一个学生叫洋洋,他长得很帅,情商也高,能随时看见他人的优点,并通过语言表达出来,只是他特别爱接嘴,也特别爱打断他人的谈话。有一次,我说:"你们最感恩的人是谁?"

姜瑜举手说:"茜茜老师,我最感恩的人是我的妈妈。我妈妈……"

第8章

情商沟通：培养孩子高情商表达力，让相处变得更温暖

姜瑜话才说一半，旁边的洋洋马上张口说："我跟你一样，我最感恩的人也是我妈妈。我妈妈她……"

我转过头看姜瑜，她正眼睛耷拉着，一脸无奈地看着洋洋，好像在说，你知道你打断我了吗？真没礼貌。

课后，姜瑜说："茜茜老师，我太不喜欢被打断了，我好无语呀！我不要跟洋洋坐在一起了。"

你们看，倾诉是本能，而倾听是技能。想要学会倾听，就要经过刻意练习才行，要有意识而为之。孩子要尝试着学会在和他人聊天时，满足对方的倾诉欲，让他在整个聊天过程中说70%，你说30%。

马语洺是一个非常善于倾听的孩子，因此班上的同学都喜欢跟她聊天。

有一次下课聊天，我的好朋友李坤颖特别迫不及待地跟我说："马语洺，我昨天晚上做了一个好有意思的梦。"

我一听要聊昨天晚上做的梦，我也很想聊，因为我昨天晚上也做了一个很有意思的梦。但是，我想到茜茜老师曾经跟我们说过，要学会倾听，因为倾听是帮助朋友之间关系更亲密、更有效的方法！

于是，我就安静地听李坤颖讲她昨天做梦的事情。聊天的整个过程中，我都没有提及自己昨天晚上做梦的事情。

放学后，李坤颖快步跑到我这里说："马语洺，跟你聊天真好！你从不打断我说话，感觉真舒服！"

我说:"我也喜欢听你聊天,你以后有事情都可以和我聊。"就这样我和她的关系又进了一步。你看,倾听是不是能够更好地拉近人与人之间的关系呢!

梅第说:"上帝给每个人一个嘴巴和两只耳朵,因此我们倾听的能力应该是说话能力的两倍。"然而现实中,孩子说话往往陷入滔滔不绝中,而在倾听别人方面就做得不够好。

善于倾听有三个很大的优势:

○ 可以从别人的话语中得到有效的信息。
○ 可以体现出对讲话者的尊重。
○ 可以获得讲话者的信任,可以让人跟你聊天感受到如沐春风。

那么,孩子如何做到高效倾听呢?可以从以下三点来培养自己的高效倾听。

1. 不要插嘴

我有一个学生叫小敏,特别爱插嘴,我上一句说:"接下来,我给大家分享一个特别有意思的话题……"他马上接嘴说:"老师,是什么有意思的话题……"我上一句说:"你们知道我最开心的事情是什么吗?"他马上接嘴说:"老师,我给你讲我最开心的事情是什么……"上一句我说:"我们接下来分享很重要的干货知识点……"他马上说:"老师,我不说话,你赶紧讲你的干货知识点吧。"

第8章
情商沟通：培养孩子高情商表达力，让相处变得更温暖

事后我问他："小敏，课堂上，为什么你老爱接嘴呢？"

他说："我管不住自己，我特别想去表达自己内心所想。"

我摸着他的头说："宝贝，插嘴是一种特别不好的行为，会让人觉得不被尊重，会让人不愿意跟你做深入地交往。"

他当时点头说："老师，我改正。"可是在后面的课堂上，他还是会忍不住地接嘴。有一次，还有15分钟就要放学了，我想把一个知识点讲完，结果，我刚一开口，他马上接过我的话，开始啪啪啪地讲下去。

我说："小敏，要不你上来讲。"

在我说完后，他笑着说："老师，还是你来讲吧！"

我说："你来讲，你讲得比我好。"

当他站上舞台跟我们分享他的这个知识的观点的时候，我就带着同学们在下面插嘴。他生气地说："老师，为什么我在讲的时候你老是插嘴？"

我问他："小敏，你感觉怎么样？"

他说："我感觉特别不爽。"

我说："是的，我相信所有给你上课的老师，在被你接嘴的时候也是这种感受。"

小敏听完后没有说任何话，但我感觉到从那次后他接嘴的频率明显减少了。

别人说话的时候，即使孩子知道他要说的内容，也不要急着插嘴抢话，要等着对方说完。如果孩子抢了对方的话，也就等于没让对方把话说完。一方面会让对方感觉到你的不

孩子一学就会的实战 演说课

尊重,另一方面也会使对方没面子。

2. 状态积极

在别人说话时,孩子要集中精神,专心倾听对方在讲什么。也要对对方说的话做出反馈,以表现出孩子对讲话者讲述内容感兴趣。这样,能让对方感觉到孩子对他的尊重,对方也就更愿意和孩子沟通交流,孩子也就能获得更多对自己有价值的信息。

周六早上上课前,月月提前30分钟到了教室,说:"刘老师,你知道为什么我来这么早吗?"

我笑着说:"宝贝,为什么你来这么早呢?"

她说:"因为我妈妈要训练我的独立。妈妈说我上了二年级就要自己学会独立从家来到学校上课,所以我要早早的来,怕迟到了!"

我满脸夸赞地说:"你好厉害,你是怎么做到的?"

月月得意地说:"我每天早上起床后,在自己家楼下吃一碗小面,吃完小面我就坐公交车来学校。"

我很崇拜地问:"你这么小就可以做到,好厉害!"

月月说:"我觉得我很厉害的……"

因为我很热情地跟她互动,月月开始不停地去讲她在公交车上遇到的一些有趣的事情。

当我们状态很积极地跟对方聊天时,对方会非常愿意跟我们分享他内心的故事。因为在积极的状态里,他感受到了被重视,会忍不住跟你聊天。

3. 捧哏式聊天

捧哏是相声中的一个术语。在相声中,有逗哏和捧哏。与逗哏不同,捧哏所当担的是"配角"类型的人物,即在逗哏说完一段哏后,捧哏给予评论或者台阶以继续下一个哏。其实,沟通也可以用捧哏的方式。在用捧哏式聊天时,要注意四点:短、垫、评、推。

○ 话一定要短,一句话就说几个字。

○ 聊天时要垫话。

为了维持谈话的节奏,孩子要时不时垫垫话。一般,可用表达感受的词汇,比如,"好嘛""哎哟喂""可怪吓人"等。或者过渡式词汇,比如,"后来怎么着""然后呢""最后什么情况"等。这样做会让对方感受到你一直在听他说。

○ 聊天时要评价。

和孩子聊天时无论说什么内容,一定是要得到孩子的反馈,如果倾听者一直没反馈说话的人肯定就不高兴了,但是反馈太多,又容易说话出错。所以,要善于给别人说的话做出评价,比如,"你说的很对""嗯,有道理呀""确实是这样""我觉得不错""可不是嘛""没啥毛病";等等。

孩子一学就会的实战 演说课

○ 把话题推走。

当对方不愿意正面回答,或者不想多发言的时候,就可以通过推话题的方式,把话题推走。

常用的句式有:"你怎么考虑的?""你怎么样啊?""我研究研究""以后找机会呗""到时候再说吧";等等。

豆豆是一个捧哏式聊天的高手,有一次,在放学路上她跟同学聊天。

同学说:"豆豆,这次期中考试考得怎么样?"

豆豆说:"还行(短),你呢?(推)"

同学说:"我也还行。"

豆豆说:"你考了多少?(垫)"

同学说:"语文98,数学100。"

豆豆说:"哇!你好厉害。(评)"

同学说:"哎,你这考了多少分?"

豆豆说:"我呀!还行!你数学考了100分是如何做到的?(推)"

同学说:"我呀!……(此处省略1000字)"

按照捧哏式聊天,豆豆可以和同学一直聊到天黑,同学觉得豆豆这个人还挺不错的,跟她聊天如沐春风。

第 8 章
情商沟通：培养孩子高情商表达力，让相处变得更温暖

练一练：

> **用捧哏式跟同学聊天。**

孩子一学就会的实战 演说课

🎤 孩子用好选择权，就能变得更受同伴欢迎

> 书必择而读；人必择而交；言必择而听；路必择而蹈。
>
> ——明末清初理学家张履祥

人都不喜欢被别人安排，在日常生活中，三个人沟通就是一场演讲，我们要学会在沟通时把选择权给他人，让他觉得跟你聊天很有掌控感。很多父母问，为什么一定要这样做呢？这样做会让孩子学会和同学进行最高级的合作，并达成自己的目标。

一天晚上，豆豆说："妈妈，我想看《派派小分队》。"

我说："宝贝，看电视伤眼睛。"

豆豆说："不，我就要看《派派小分队》。"说着就开始往地上打滚，还一边哭着，一边看我的眼神。看我没有答

应，她会一直在地上一边打滚，一边哭，直到愿望被满足。

每次，看到这里我又想笑，又觉得无奈，只有任她哭完了，再去转移她的注意力。而每次结束拉扯，小姑娘都不愿意跟我玩儿，好像我把她欺负了一样。

一次上课，我给学生讲到了选择权，当时突然灵光一闪，才发现忘记对豆豆用选择权了。

后来，豆豆又说："妈妈，我想看电视。"

我说："可以呀！没问题！你要看一集，还是两集。"

她用右手掰出了大拇指和食指，开心地看着我说："两集。"

我说："好！"

于是，我选了最短的《工程车》给她看了两集，她看到快结束时，我心里在打鼓，她会不会继续撒泼还要看，没想到，她看完后的第一句话是："妈妈，我不看了。"然后，钻到我的怀里来看绘本。

正是因为我把选择权交给了豆豆，面对看电视的困扰迎刃而解，我和豆豆的亲子关系也越来越好。

孩子从进入幼儿园时就生活在集体里，其中，免不了跟同学相处。作为父母的我们就要教会孩子如何通过说话和同学建立良好的关系，变得更受同学的欢迎。孩子只有更好地融入集体生活中，长大了才能更好地去适应社会。

一次演讲课结束后，坤坤跑过来对我说："茜茜老师，我最近遇见了一件很苦恼的事情。"

我问:"是什么苦恼的事情呢?"

他说:"同学们都不愿意跟我聊天,我感觉自己在学校没有好朋友。"

我说:"有具体案例跟我分享一下吗?"

他说:"大家在聊天的时候,我凑过去说了自己很感兴趣的话题,然后大家看了我一眼,就一哄而散了。"

我接着问:"宝贝,在你日常的学习生活中,你认可你的同学吗?你有跟他们聊同样的话题吗?你会先发表对同学说话的认可和赞叹,再发表自己的观点吗?"

坤坤听完后说:"茜茜老师,好像这些我都没有做到。"

我说:"那你以后打算怎么做?"

坤坤说:"在班级上要跟同学很好地去相处,良好的语言沟通是必备的技能。我要在接下来的生活中多去认可同学,多去跟他们聊一样的且我感兴趣的话题,同时,聊天时先认可他们,再去分享自己的观点。"

其实,孩子在学校受到其他同学的欢迎,会更好地融入集体,对他树立自信心是非常有帮助的。

人都渴望去掌控一件事情,成人如此,孩子亦如此。

唐启桓是三年级的学生,一天,因为同班同学的作业没有做好,老师在班上大发脾气,并让同学重新做,还安排唐启桓来帮助他。同学气呼呼地从讲台上走下来,一屁股坐在自己的课桌前。唐启桓看他还在生气,就对他说:"你是想一直生气,自己慢慢做作业,最后连玩儿的时间也没有了,还是想让我来帮助你,用最快的速度做完作业,然后一起出去玩儿?"

同学看着唐启桓愣了 10 秒说:"你来帮助我讲题吧!"

作业做完后,同学说:"唐启桓,你好厉害,让我很开心地完成了作业!"

这里唐启桓用的就是把选择权给他人的方法。每个孩子都不喜欢被决定,都喜欢自己做决定。一旦孩子长大了,自己做决定的愿望就更强烈,也就会和父母、同学、朋友有权力之争。而用把选择权给孩子的方法可以很好地规避这个冲突和矛盾。我们看似把选择权交给了对方,其实选择权依然掌控在自己的手里。我们一般都会给对方选择题,而非应用题,而选择题给出的选项都是你可以接纳的。

例如:

- 你想玩儿 5 分钟再做作业,还是玩儿 10 分钟再做作业?
- 你是想看两本绘本,还是看三本绘本?
- 你是想买酸奶,还是买牛奶?

把选择权交给对方,除了做选择题,还有一句话一定不能忘记。那就是"请问我讲清楚了吗?",这句话背后有两层含义。

- 当孩子说这句话的时候,是把压力给了自己。

如果同学听懂了,就是孩子讲清楚了;如果同学没有听懂,就是孩子没有讲清楚。那孩子再讲一遍就好了,此时孩子再讲一遍,同学是没有抵触心理的。如果孩子说的是:"你听清楚了吗?",同学没有听清楚,同学就会有一种我怎么有点笨,没有听清楚呢,会让同学有压力。

○ 当孩子说"请问我讲清楚了吗?",是把选择权给了同学。

我听没听清楚是由同学决定的,让同学在轻松愉悦中完成你和他配合的事情,这样他开心,你也轻松。

有的孩子做任何事情都要把选择权紧紧握在手里,甚至让对方没有选择。有的孩子做任何事情,会把选择权交给对方,用一种更优雅的方式与同学协作、与世界合作。他们常说,你愿意让我帮助你吗?不论是帮助别人,还是请求帮助,都把选择权交给对方。让孩子试试把选择权给对方,也许有意想不到的效果。让孩子把自己放低两度,把对方抬高一度。

练一练:

和同学发生矛盾时,尝试着把选择权给对方。

第 8 章

情商沟通：培养孩子高情商表达力，让相处变得更温暖

🎙 与同伴关系更近一步的技巧：找到彼此的共同点

> 同体效应是快速缩短心理距离、拉近彼此关系的一剂良药。
>
> ——社会心理学家纽卡姆

人都喜欢彼此有共同点的人，孩子也不例外。孩子与孩子之间能够成为朋友，从根本上来讲，就是因为他们有太多的相同。从大方向来讲，就是三观相同，具体包括相同的信仰，相同的国籍，相同的价值观、人生观、世界观等。从小方向来讲，他们有共同的姓氏、共同的爱好、共同的朋友、共同的宠物等。因为有相同的来历和经历，所以有很多的共同语言。

2022 年 4 月 18 日，我受才儿坊幼儿园统管园长王园长

的邀请为才儿坊的老师们培训演讲课程。我开场就说:"家住在本地的老师请举手。"现场一半的老师都举手了,其中包括我。

接着我又说:"现场老家是达州的请举手。"现场有20多位老师举了手,我也把手举了起来。

没想到,课程结束后一位剪着短发气质出众的老师面带微笑向我走来,说:"茜茜老师,我也是达州人,刚刚你说你也是达州人,我觉得好亲切呀!"后来,她又聊到自己对教育的热爱,我赶紧回应说:"我全然感受到了你对教育的热爱。"

后来,我才知道这位老师是才儿坊幼儿园的园长,她带出了无数优秀的老师和无数优秀的学生。就这样,我用寻找共同点的方式一下子拉近了和现场观众的距离,并认识了一位热爱教育、拥有满满初心的园长。

孩子和同学之间有了共同点,话题更容易展开,可讨论的内容也会更多;有了共同点,孩子可以很好地缓解自己的压力,因为不再一味地考虑自己的表现,很自然地就会从对方的角度考虑问题;有了共同点,即使是内向的人也会从原来的回避、恐慌变得兴奋刺激,因为孩子和所有人的沟通过程都是建立在双方的行为思考上的。

有了共同点,拉近距离就会很容易。那我们的孩子如何通过寻找共同点,拉近和同学、朋友的关系呢?

孩子可以寻找和他人共同的爱好、共同的动作、共同的语言、共同的偶像、共同的身份和共同的话题等。比如，孩子喜欢演讲，同学也喜欢演讲，他们就有共同的爱好；孩子喜欢摸额头，同学也喜欢摸额头，他们就会莫名有亲切感；孩子喜欢说积极有正能量的话，同学也喜欢正能量的话，他们就会很容易无话不谈；孩子喜欢看历史书，同学也喜欢，他们就会常常一起讨论历史的话题。

当孩子知道寻找和他人之间的共同点很重要时，就会努力去寻找与他人的共同点，那么具体应该怎么做呢？

第一，看——暗中观察，寻找共同点。

一个孩子的状态、爱好和性格往往能通过其表情、谈吐、举止、穿着等外在表现出来。所以，孩子面对不熟悉的人时，要仔细观察，寻找与他的共同点。

1. 穿着风格

穿着一丝不苟还是随意往往可以反映出一个孩子的性格和观点。穿着一丝不苟的孩子往往性格稳重，而穿着随意的孩子往往具有向往自由的性格。当然，这并不是绝对化的，还要结合他的性格来判断。

2. 说话风格

从一个孩子说话的风格中往往会看出他的修养水平和感兴趣的话题。旁征博引的人可能喜欢有深度和有水平的话题，而言辞幽默的人可能更喜欢轻松一些的东西。

第二，说——巧言问答，探寻共同点。

观察是寻找共同点的第一步，第二步就要进行沟通，语言是沟通活动最重要的载体。在观察的基础上为了更好地了解孩子与对方的共同点，可以通过一些言语手段直接探寻。没有人会拒绝一个热情而有礼貌的招呼，通过打招呼和对方聊天是直接确认对方爱好和感兴趣的话题的最直接途径。

有一次，学生去参加一个市级的比赛。在比赛现场，他特别欣赏一位选手，那位选手对作品的处理让他内心充满了敬佩。

他走过去的第一句话是："同学，你刚刚的表演真的是太触动我的心弦了，我觉得你真的呈现得特别好，你是不是特别爱朗诵？"

那位选手说："是啊！我特别喜欢朗诵，我觉得朗诵赋予我的成长很多美妙的含义。"

同学马上说："我也很喜欢朗诵。"

于是，他们就朗诵展开了激烈的讨论。"

两点之间直线最短，我们用说的方式去寻找和对方的共同点是一件非常棒的事情。

第三，听——听取介绍，挖掘共同点。

多倾听同学之间的聊天，是一个最简单的找到共同点的方法。比如，当朋友向你介绍他的朋友时，你就可以仔细地分析对方，不断地发现可能让你们产生共同点的信息。例如,"彭熙哲,这是我的好朋友罗老师,她很喜欢运动,同时也是一位非常优秀又非常高情商的语言老师。"通过这段介绍,孩子可以知道罗老师喜欢运动,就能与之谈有关运动的话题。在朋友向孩子介绍对方时,孩子能快速准确地将这些个人信息输入自己的大脑中,在这些看似平常的信息中,孩子可以挖掘出大量的信息。

在孩子与同学相处的过程中,可以多去寻找和同学之间的共同点。峰峰特别想认识班上的学霸,并跟学霸成为好朋友,可是,他一直找不到和学霸的共同点。有一次,峰峰无意间听同学说:"你知道吗?我们班的学霸不仅成绩好,而且唱歌也非常厉害。"

峰峰马上找到了和学霸的共同点,那就是唱歌,后来,他们通过班级的集体节目对唱表演,两个都爱唱歌的孩子成了好朋友。峰峰也在学霸的帮助下,成绩跃升到了班级前十名。

学会寻找到彼此的共同点,能保持双方良好的关系,能很好地解决生活中的沟通难题,能引起彼此间的特殊回忆并引发共鸣,还能为彼此架起一座桥梁,更加深入地去了解对方。

练一练：

寻找和同学的三个共同点,并说给对方听。

第 8 章

情商沟通：培养孩子高情商表达力，让相处变得更温暖

🎙 教孩子懂得观照力，轻松成为高情商的人

> 一个人的成就，20% 取决于他的智商，80% 取决于他的情商。
>
> ——哈佛大学心理学博士、著名的心理学专家
> 丹尼尔·戈尔曼

上周三，芳芳妈妈突然全身发软，做什么事情都有气无力，在家休息了半天也不见好。那天，芳芳妈妈一个人强撑着身体去上完了课，又强撑着身体回到家，一回到家便迷迷糊糊睡着了。

第二天醒来，还是全身软，而且说话开始使不上力，呼吸有点费劲儿。芳芳妈妈又休息了一天，可是，还是不见好。昨天，芳芳妈妈和廖姐聊起这个事，说："这两天感冒了，感觉身体使不上力，整个人像一摊泥一样。"

廖姐看看芳芳妈妈的舌头，说："你不是感冒，是身上的寒湿很严重，你必须要把身体里的寒湿排掉，不然吃再多

药也会很难受。"

这是芳芳妈妈第一次听到身体有寒湿会引发感冒的论断。廖姐是养生达人，经常帮助身边的朋友调理身体，还通过自己的努力学习了《人体免疫学》。她的父亲生了很严重的病，但是通过她的细心调理，她父亲的身体逐渐恢复了健康。

芳芳妈妈说："这么严重啊！我还想着吃点药，等它自己好了呢。"

廖姐听了之后，表情开始有些着急，说："拖着对你的身体伤害很大，你赶紧把寒湿排掉，这样你也可以更快地投入教学中。"

于是，在廖姐的帮助下，芳芳妈妈把身体的寒湿排了出来，瞬间觉得有力气一些了，呼吸也没有那么费劲儿了。

廖姐叮嘱说："回家不要喝凉水，你是容易进湿寒的体质，要把自己的脖子捂住，因为脖子后有风池和风府两个穴位，这两个穴位特别容易进寒湿。"

芳芳妈妈说："好。"

晚上回到家，芳芳妈妈开始给孩子洗脸、刷牙、讲故事、打卡学习，忙完后整个人累瘫在沙发上。休息片刻，芳芳妈打开微信，看到廖姐发来的信息说："你是易入湿寒的体质，一定要把脖子捂住，同时记住千万不要喝凉水。"

当廖姐再次提醒芳芳妈妈怎样防止寒气入侵时，芳芳妈那颗疲惫的心顿时被温暖到，回复说："廖姐，有你真好。"

她这样暖心的提醒和关心，让芳芳妈妈觉察到：无论在生活，还是工作中，都应该做一个"有心人"。

做一个有心人，并不是要你学会阿谀奉承、拍马屁，而是学会关注身边人，身体力行去温暖他人、关心他人，给他人创造小惊喜、小感动，为他人排忧解难。一个有心人，有强烈的捕捉力和关照力，能快速感知别人的需求，然后默默地满足对方的需求。

廖姐并不是这一次给到芳芳妈妈温暖，而是很多次。

2021年，芳芳妈妈因为太过操心学校，经常加班到凌晨，导致身体抵抗力严重下降。当廖姐知道后，就为芳芳妈妈送来滋补身体的营养品，说："这个营养品对你的身体很有帮助，你每天早上空腹喝。同时，要注意睡眠，千万不能熬夜，熬夜最伤身。"

2022年，芳芳妈妈对廖姐说："我感觉食补很重要，可我不知道如何食补？"

几天后，廖姐特意为芳芳妈妈找来适合身体食补的方法，还交待说："食补不是一天两天就能见效的，你要坚持每天吃，长期积累才有效果。"

曾经，芳芳妈妈会觉得做一个有心人会太刻意，可是因为廖姐，她了解到一个高情商的人是一个把他人放在心里的人，是有心人。

当今社会，人人都关注自己，可是有心人不仅关注自己,也会关注别人。这个时代,做有心人,让别人感受到舒服,让别人体会到温暖,是一个人不可或缺的能力。

你有关注过身边的人喜欢什么、需要什么吗?有在和朋友聚会的时候,给对方准备一份小礼物吗?有在工作中,默默地为领导同事排忧解难吗?当我们在教会孩子关注事情结果的同时,也要教会他做一个有心人。

有关照力的孩子是对周围事物敏锐的人,一个从小就懂得关心他人的孩子,会很敏锐地知道他人的需要。孩子的这种敏锐会给人留下深刻的印象,也很有可能因此获得机遇。

在IBM公司的一次实习生招聘会上,一个浙江大学的学生阿胜在等待面试时,看到其他一起等面试的女生没有地方坐,就主动跟一位工作人员提出说:"您好,可以给这几位女孩子找地方坐一下吗?"

其实,这个工作人员是总裁秘书。这样一个细节给总裁秘书留下了很深的印象。后来,阿胜虽然第一次没有被录取,但是当一位被录取的同学因故退出时,总裁秘书和面试官想起了阿胜,他成了最后一个幸运者。

有时候,孩子有关照力能给人与众不同的感觉,一件小事甚至能改变人的一生。所以,父母要让孩子从小懂得关怀他人、体贴他人、理解他人。在实践中,孩子会渐渐具备很强的关照力,必要时,孩子具备的观照力的品质一定会助他一臂之力。

第 8 章
情商沟通：培养孩子高情商表达力，让相处变得更温暖

练一练：

> **每天对父母做一件具有观照力的事情。**

孩子一学就会的实战 演说课

🎙 这个方法教给孩子，让他快速提高情商表达

> 你让人舒服的程度，决定着你所能抵达的高度。
> ——美国心理学家戈尔曼

语言学习是口耳之学，不仅嘴巴要会说，更要耳朵会听。所以，我经常会在课堂上让孩子来听其他同学存在的不足之处。

2022 年秋季班的一个下午，我说："谁能为舞台上的同学提提意见。"

孙杨最先举手，只见他站起来说："同学，你的声音太小了，让我听不太清楚。"

只见舞台上小玲的脸唰地一下拉了下来，瞬间黑了三度，一脸不爽地盯着孙杨。

第8章

情商沟通：培养孩子高情商表达力，让相处变得更温暖

我看情况不对，马上说："孙杨很积极，也能一下看见核心问题，让我们把掌声送给孙杨。"

一阵掌声后，我又接着说："小玲今天的表现，也是很优秀的，她的肢体动作非常的流畅，也非常有自己的设计，只需要再把声音提高三倍，整个演讲就会更吸引人。小玲，你想试一下吗？我相信你可以的。"

我看着小玲脸上的微笑多了起来，当我说完后，小玲说："老师，我来试一下。"

果然，通过调整后，小玲的声音提高了不少，因为孩子在愉悦的情况下会学习得很快。其实，这里面我运用了一个非常棒的底层逻辑，就是汉堡包法则。对于孙杨，我用了认可法，我认可孙杨很积极，也能一下看见核心问题，是为了保护他积极举手回答问题的热情，让他以后能一直这样做。对于小玲，首先，认可她做得好的地方，比如，小玲今天的表现也是很优秀的，她的肢体动作非常的流畅，也非常有自己的设计；然后，再对她今天表现的不足进行反馈和建议，比如，只需要再把声音提高三倍，整个演讲就会更吸引人；最后，对她进行了认可，比如，小玲，你想试一下吗？我相信你可以的。

那么，什么是汉堡包法则呢？就是无论你跟对方说什么，都先认可对方，找到对方当下的正向资源。再给他提出建设性的意见，最后给予他力量。

孩子一学就会的实战 演说课

1. 为什么一定要先给出认可呢？

不论做什么事，要实现它的价值和意义就必须得到人们的认可。历史证明，凡是对人类有价值和贡献的事情，凡是科学的、正确的事情，即使当时没有被认可，以后也必然会得到认可。

德国诗人歌德于1814年5月8日给叔本华写的题词："你要欣赏自己的价值，就得给世界增添价值。"这种价值就是社会价值，也就是说得到人们认可的价值。

孩子从别人的认可里面，获得一种满足感，从而愿意接受对方提出的建议和反馈。

果果是一位特别喜欢认可他人的孩子，同时也是班上的班长。有一次，他看见同班同学张琪拿了一把古香古色的短剑在玩儿，因为学校有规定不能带玩具来学校，他是班长，这件事归他管，果果思索片刻就上前说："张琪，你的剑好酷呀。"

张琪听后满脸开心地说："这把剑是我舅舅给我买的，我特别喜欢。"

果果接着说："你舅舅对你真好，你赶紧把剑放在书包里，不然班主任看见了就要没收了。"张琪一听，赶紧就把剑放到里书包里，直到放学后才拿出来。

如果果果没有先认可他，张琪也许就不会乖乖地把短剑收进书包了。所以，认可就像是润滑油，会让开锁更加顺利。

2. 为什么要给出建设性的意见？

首先，我们要了解，什么是建设性的意见。建设就是基本框架，是骨架的意思。建设性的意见就是你给出一个意见，对方可以以你的意见为基础，再进行一些填充，最终得出结果。通俗地讲，就是有用的建议。

峰峰是班上的语文课代表，他每天的工作就是帮语文老师收作业、发作业以及帮助语文成绩不太理想的孩子进步。他们班上有一位叫小铭的同学很不擅长写作文，峰峰一直不知道该怎么去帮助他。

有一天，峰峰在演讲课上学了建设性意见的技巧，他回到学校就对同学说："小铭，其实，你写作文的逻辑是挺好的，就是内容不够丰富和精彩，你看这样行不行？你可以每天花 5 分钟复述一篇作文给我听，只要你能够大概地讲下来内容就可以了，这样可以增强你的输入，当你的输入够多了，你的作文就会写得很精彩，会非常的有情节。"

峰峰为他提出了建设性的意见，小铭也答应了。小铭每天花 5 分钟去复述一篇作文，慢慢地，小铭的作文就越写越好了。

我们由此可以发现建设性的意见有三个关键点：
○ 建设性意见要可以实施，能轻松践行。

孩子一学就会的实战 演说课

○ 建设性意见不要难度太大，会让对方望而生畏。
○ 建设性意见要让对方轻轻一垫脚就可以做到。

3. 为什么要给予对方力量？

要给予对方力量，可以多说这个句式：我相信……

例如：

我相信你可以完成作业。

我相信你可以把教室打扫干净。

我相信你能够写好今天的作文。

那为什么要多说"我相信……"这个句式呢。从心理学上讲，一个人一旦被信任，内心就会充满力量。所以，孩子在日常生活中，和同学相处时也可以多用这个句式。

其实，汉堡包法则不仅适用于孩子在学校和同学相处，也适用于父母与孩子的交流，孩子与父母的交流。

2022年五一节期间，张梦特别想去游乐园玩，可是，他的作业没有做完，妈妈一直不同意去游乐园玩。

以前，张梦可能会又哭又闹，不做作业，用这样的方法来抗争妈妈的决定。自从张梦学了高情商的沟通方法，就对妈妈说："妈妈，我发现你真的是一位特别负责任的好妈妈，任何时候都非常关心我的学习。妈妈，你看这样好不好，我现在只有英语的朗读没有读和语文的课文没有背，我在去游乐园的路上可以把这两样全部完成，我们现在出发可以吗？如果到了游乐园，我没有完成，我就不玩儿；如果完成了，我就玩儿。妈妈你看可以吗？妈妈，你最爱我了，你答应我好不好？"

张梦用高情商的方式跟妈妈沟通，妈妈瞬间心软，同意了孩子的方案，而孩子在抵达游乐园前 30 分钟就把作业完成了。张梦用高情商的汉堡包法则跟妈妈进行沟通，既达到了妈妈的目标，也达到了自己的诉求。

练一练：

用汉堡包法则给父母做一次反馈。

让孩子学会场景应用,敢说、会说、有气场

第 9 章

场景应用:熟悉实战场景,不同场合都能脱颖而出

教孩子如何做好赛前、赛中、赛后的准备

> 机遇总是垂青于准备好的人。
>
> ——许纯玲

在全国演讲竞赛中,当问到"比赛对于你来说有什么意义时?",来自上海的选手给出了两个字:"成长。"

我想,这是我听到过的最美的答案。

比赛前,选手尚文发生了一个小插曲。在临上场前,尚文发现自己忘记带演说时要用的道具了。更糟糕的是,他发现嗓子突然说不出话来。他赶紧进行嗓子的放松练习,调整自己的心态,然后把准备的应急药拿出来。

同伴拉着尚文的手说:"其实还好,这算给我们以后提个醒,意外每天有,以后我们注意就好。"说完,两人相视

一笑。

孩子参加的每一场比赛都会有不同的状况发生，面对突发事件的处理，如何提前准备好比赛的物料清单，这些都是比赛中实实在在收获的东西。

正如选手所说：成绩不是最重要的，成长才是最快乐的。在这种全国级别的赛场上，棋逢对手、互相学习、开阔眼界和思路，这才是我们参赛真正的收获。

是啊！比赛是检验成绩的一种标准，有比赛就会有输赢，赢了比赛固然欣喜，没得奖也并不代表孩子没有努力。我们作为父母，要教会孩子做好赛前、赛中、赛后的准备，尽量减少意外的发生。任何比赛都需要系统且用心的准备，演讲比赛更应该如此。

一、比赛前

1. 充分的准备

赛前一定要带孩子做好充分的练习和准备，只有充分练习后，孩子才会心里有底，才对自己有信心。

那孩子如何练习呢？可以做系统的分析；然后做集训式的练习，在练习过程中，要让孩子看自己的视频，找出自己练习视频的三个优点、一个不足，并提出调整的方法，把问题死磕到底；最后，比赛前三天要带孩子进行户外演讲，进行事上练，训练孩子的胆量和当众演讲的能力。

2. 服装的准备

珊珊是一位学演讲的孩子,在一次电视台举办的演讲比赛上,珊珊妈妈特意花重金给珊珊买了一件闪闪发光的晚礼服,还带着长长的羽毛拖尾。珊珊不仅上台走着困难,更是在演讲时肢体动作放不开。最后,也没能获得意料之中的成绩。

其实,家长在给孩子准备比赛的服装时,可以遵循大方得体的原则。男孩子可以穿小西装,或者polo衫和长裤;女孩子可以穿短款礼服裙,或者学院风的套装。服装不需要准备得那么隆重,会喧宾夺主。在演讲比赛中,评委更加关注的是演说的内容和演说中传递的价值观。

3. 意外情况的预设、预判

当前面两项完成后,就要往内在去做更深层次的准备。要让孩子预设他可能发生的意外情况,并做出相应的预判。

比赛中一般会发生的情况:

○ 服装、鞋子忘记带了。

○ 演讲时麦克风没电了。

○ 演讲中突然间大脑一片空白。

○ 把前面部分说到后面来了。

○ 走上舞台时,不小心摔倒了。

○ 演讲中被观众质问。

○ 突然间莫名的紧张了。

二、比赛中

1. 提前彩排

彩排是一件非常重要的事情,提前彩排不仅可以让你更快地跟舞台熟悉和连接起来,还能规避一些意外情况的发生。

那如何彩排呢?

- ○ 在舞台上设计一下自己的站位。
- ○ 在舞台上试讲两到三遍。
- ○ 检查一下PPT是不是可以正常播放。
- ○ 试一下麦克风的声音,最近和最远范围是多少。

2. 提前练习三遍

经过实战证明,在上台前多练习几遍,会让孩子没有那么紧张,会更容易演讲更出彩。

3. 开启"三大系统"

孩子都会提前抵达现场签到、候场,很多孩子会东张西望,不会去听、去看舞台上其他选手的演讲。有的孩子会去听、去看,却不知道该如何去听、去看。这时,父母可以提醒孩子开启"三大系统"。

那什么是"三大系统"呢?

- ○ 他哪里说得好?
- ○ 哪里说得不好?
- ○ 我如何比他说得更好?

孩子一学就会的实战 演说课

孩子在现场开启"三大系统",相当于又一次提升了自己的点评能力和觉察能力。当他下次遇到相似问题时,就会轻松地解决问题。

4. 录下比赛视频

父母一定要在现场为孩子录下视频,好让孩子在比赛结束后进行复盘。视频的录制不仅要有远景,也要有近景。远景可以看孩子在舞台上的台风和台型,近景可以观察孩子的眼神和表情。

5. 连接厉害的选手

当孩子在现场看见比他更厉害的选手时,可以提醒孩子去加他的微信。孔子说过:"三人行必有我师焉。"那些比我们厉害的人,都是我们值得学习的对象。当孩子加完微信后,第一步写出自己给他的反馈,再问他为什么可以这么厉害。说不定,孩子会有意外的收获。

三、比赛后

在孩子参赛后,作为父母,倾听孩子的体验与感受尤为重要。

在父母与孩子讨论比赛的谈话中,父母可以了解到,孩子的心态如何,是骄傲,还是信心不足;是紧张兴奋,还是不以为然;是对成绩满意,还是不满意。

如果是对成绩不太满意,父母要及时与孩子沟通,引导他把关注点放在比赛的过程和体验上，这样会更有益于他的成长。如果对于比赛成绩满意，可以直接进行以下的复盘。

1. 自己复盘

拿出比赛现场录制的视频，准备一张纸和一支笔。让孩子一边看视频，一边写出以下三个问题：
- 我哪里表现得好？
- 我哪里表现得不好？
- 我如何去做调整？

2. 他人反馈

父母是这个世界上最爱孩子的人，都希望自己的孩子能够越来越好、越来越优秀。父母可以和孩子说一下你的反馈，在反馈时，父母一定要注意，不要上来就批评，可以用汉堡包反馈法。

什么是汉堡包反馈法？
- 认可他表现好的地方。例如，勇敢登台、声音洪亮、逻辑清晰等。
- 提出建设性的意见。
- 给予他鼓励和信心。

3. 老师反馈

在孩子向老师要反馈时，一定要带着自己的总结去要反馈，要让老师看见你做过的努力，而不是直接问。

示例：

老师，通过昨天的比赛，我发现自己有三个优点，分别是：

○ 上台很大方，台风很积极。

○ 现场的感染力不错。

○ 声音很洪亮。

我还看见自己有三个不足，分别是：

○ 语速有点快了，有部分字音吃字了。

○ 演说结尾处力量感没有上去。

○ 现场的互动感不强。

我打算这样调整：刻意练习自己演讲时的语速，在房间贴上"慢"字来提醒自己；刻意练习结尾的力量感30遍；目前，我不知道如何练习互动感。

老师，我特别想进步，您看看我还有哪些需要调整的？谢谢老师。

只要孩子做好赛前、赛中、赛后的准备，必将会在比赛中取得心仪的成绩。这些方法皆来自教学实践的总结，现一一总结出来，希望对想学习演讲的孩子有所帮助。

练一练：

> 看自己的视频，找出自己的三个优点、一个不足。

第9章

场景应用：熟悉实战场景，不同场合都能脱颖而出

🎤 演讲时，孩子应该如何面对突发情况？

> 真正的自我成长就是敢于面对变化、拥抱变化。
>
> ——任正非

有过演讲经历的孩子都知道，演讲过程中总会出现一些突发状况，很多孩子会因为处理不当引起观众的反感，或者是不知如何应对，而愣在当场。

其实，突发情况不可怕，只要找对方法，每一次的小意外都有可能变成你出彩的机会，所以孩子千万不要害怕。很多孩子面对突发情况的办法只有一个，那就是不讲，而不讲本身就是最大的错误。孩子一定要清楚地知道，每一次的突发情况和尴尬，都是你进步的动力和跳板。

2008年北京奥运会200米蝶泳比赛中，菲尔普斯冲向终

点的那一刻，正当所有人都在庆祝他再一次打破世界纪录、夺得世界冠军的时候，他却愤怒地摘下泳镜，把泳镜跟泳帽扔向一旁。

原来就在他刚刚游了 25 米的时候，泳镜进水了，视力受到了严重影响，干扰了他前进的路线。眼镜漏水对运动员而言，就好比让一个人闭着眼开车一样，换作是别人，估计早就乱了阵脚、不知所措，而菲尔普斯淡定得就跟什么都没有发生一样。

若不是菲尔普斯赛后愤怒扔泳镜和泳帽，根本没有人知道这个突发的情况，菲尔普斯为什么可以如此从容地面对突发情况？是因为他有强大的临场应变能力。

其实，对于演讲而言也是一样的道理。如果我们能够提前想好应对方案，即便真的演讲过程中出现意料之外的事，我们也不会慌，因为一切尽在我们的掌控之中。

那演讲中一般会有哪些突发情况呢？

结合这十三年学生在大大小小场合的演讲经历来看，常见的突发情况有：口误说错、设备故障、时间不足以及忘词等。

1. 口误说错

正所谓"人非圣贤，孰能无过"，即便乔布斯在讲台上也会口误。我们作为普通人，口误再正常不过，针对口误说错，我给大家分享一个思维、两个方法。

一个思维： 不要急于道歉，应该迅速评估这个口误的影响有多大，而针对影响的大小，我们给大家两种处理方法。

两个方法：

○ 直接跳过

如果是一个影响不大的错误，比如，这个错误对于接下来的内容没影响，那就当作没发生过，直接跳过错误，继续讲接下来内容。

这种所谓的出错，对于你自己来说，是你实际讲的和你计划讲的不一样，而观众是不知道你计划要讲什么的，很多时候你觉得自己说错了，其实观众压根没听出来，所以如果有这种口误，那就直接跳过当没发生过。

○ 承认错误并改正

如果是比较明显的错误，比如，"是"说成"不是"，"有"说成"无"，或者是这个错误对于接下来的内容有影响，观众能够明显感受到，那要坦然承认说错了，然后立即改正过来。

比如，前面你本想说，我的爸爸是一个很爱我的人，结果说成，我的爸爸不是一个很爱我的人。可以说："我的爸爸不是一个很爱我的人，不对，我的爸爸很爱我，只是爱我的方式不一样。"

2. 设备故障

针对这种情况，我同样给你两个方法。

◎ 提前测试

尤其是当你的 PPT 不是在你自己的电脑播放的情况下，一定要提前从头到尾播放一遍，检查设备是不是兼容，声音跟视频是不是能够正常播放。

◎ 万能应对话术

可能有时候，即便你前面的测试都没有问题，在演讲的过程中，还是会出现设备故障的情况，这个时候就要有一些话术顶替，过渡这段调整设备的时间。

万能应对话术：感谢……，让我有机会可以……。

比如，话筒没声音，你可以说：感谢话筒没有声音，让我有机会可以和大家有更加近距离的接触。这时，孩子要一边说，一边走向观众，在适当的位置停下来。此时，还可以用提问来延长时间。

当你用这样的话术来说话，通常观众会笑，甚至会对你报以热烈的掌声，这些尴尬的场景反而成了你出彩的机会。

3. 时间不够

演讲时，很多人看到时间所剩无几时，不知道该如何应对。有的孩子不顾别人的时间提醒，什么时候讲完，什么时候结束；有的孩子加快语速，以迅雷不及掩耳盗铃之势飞快地讲完，这两种做法都是不正确的。

正确做法是：问自己一个问题，我接下来最想让观众了解的是什么内容？如果只让观众记住一个点，那么这个点是什么？这么做背后的原理是什么？

孩子一定要知道对于演讲而言，重要的不是你讲多少，而是观众能记住多少。如果你能够用剩下的时间，选出你认为最核心的观点跟大家分享，那么无疑观众的印象是非常深刻的，这样的效果要比超时讲完或者加速讲完都要好。

有时候即便你没有讲完，如果你给大家留了悬念，观众也会在私底下继续向你请教，但一意孤行地讲完，可能会引起观众的反感，使结果适得其反。

4. 忘词

即便是经验丰富的演讲者也不能避免忘词，不知道你有没有思考过这个问题，我们为什么会忘词？其实忘词有很多原因，但是概括而言就是两大类：一种是过于紧张，一种是没有框架思维。

当过于紧张的时候，大脑中负责处理语言的额叶就会供血不足，我们常说的大脑一片空白，就是因为额叶供血不足引起大脑短路所造成的。虽然我们大脑重启速度特别快，很快就能恢复正常，但即便如此，很多人还是会卡在那儿，这就是缺乏框架思维的原因。

所谓的框架思维，就是透过结构看演讲，而不是透过句子看演讲。高手在学习演讲时都是在学习框架，这就引出我现在要给大家介绍的一个避免忘词的方法：思维导图背稿法。

记思维导图时，演讲的结构是一张图片的形式，存储在你的大脑里面，当你忘词的时候，你就会用其他同类意思的话语，来代替你原本准备的话，观众就会毫无觉察。

然而，尽管思维导图法可以在一定程度上避免忘词，有时候我们还是会因为紧张或者是其他原因忘词，这种情况下我给大家推荐三种方法。

◎ 直接忽略法

如果你因为忘词造成了 1 ~ 2 秒的卡顿，就当没发生这件事，接着讲就可以，有时候观众反而会以为你是故意停顿的，这个时候千万不要说"对不起我忘词了"，或者"对不起我太紧张了"这类话。

如果你说了，那就是此地无银三百两，对于这种短忘词，观众很难注意到。这时候你就随便说点跟演讲大概意思相关的内容就行，讲着讲着你就会想起你原本要讲的内容，因为相比于话题跑偏，更怕的是空气突然安静。

◎ 便利贴法

如果你害怕自己忘词，那么可以提前准备一个便利贴，把关键词写在上面，当你忘记时可以看一眼，辅助记忆。

◎ 幽默化解法

当你实在忘词了，想不起要说什么的时候，可以用一句轻松幽默的话来化解，比如，你可以这样说："朋友们，我发现见到优秀的人，我的大脑会一片空白。"

如果你能够用幽默的话术,轻松化解你的忘词,相比于那些没有忘词的人,观众更容易喜欢你。

学生说,演讲中的突发情况没有什么好害怕的,多演讲几次,多经历几次,演讲时再遇到突发情况就能放松很多了。无论遇到任何意外,真诚些,再真诚些,哪怕出现很明显的失误,真诚的面对也会让你更加容易走进观众的心。

练一练:

> 假设当你刚上台就被线绊了一下,差点跌倒,观众哄然大笑,你感觉出丑了很尴尬,这个时候你可以怎么做呢?

如何做好班长竞选，快速获得大家支持

> 说话不在多，在于说得对，说中了事和理的要害，能感动听者的心。
>
> ——谢觉哉

竞选演讲是孩子在求学过程中经常遇到的一种演讲。通常，此类演讲是为了获得某种职位或荣誉。比如，班干部竞选、十佳少年竞选、学生会干部竞选、大队长竞选、志愿者竞选等。下面是马语洺竞选班长的一次演讲：

Hi，亲爱的老师们，同学们，大家好，我是你们熟悉的马语洺。今天非常荣幸能站在这里参加班长竞选，当然这也少不了老师和同学的支持和鼓励。戴尔·卡耐基说过："不要怕推销自己，只要你认为自己有才华，你就应该认为自己有资格担任这个职务。"所以，我相信我有能力担任班长一职。

作为4年级10班大家庭的一员,别看我个子小小的,可是我的内心却充满了能量。我想继续发挥光和热,能更多地为同学和老师服务。

我曾经获得3次"优秀学生干部""优秀班长""三好学生"等荣誉,还曾获得"小小外交官"特金奖,"中华少年说"金奖,重庆频道少儿春晚金奖等,拥有丰富的班级管理经验和较强的语言表达能力。

我觉得班长不只是需要对班级负责,对同学负责,更需要对自己负责。假如我当选了班长,我会严格要求自己做到以下几点:

第一,每天以身作则,争做学习的标兵,在班级树立好榜样,认真完成老师布置的每一项任务,成为老师的好帮手。

第二,利用课间组织学习好的同学帮助成绩稍差的同学,度过学习的难关。

第三,团结同学,热爱班级,一切以班级的利益出发,不计较个人得失,想同学之所想,急同学之所急,处事公平公正,全心全意为大家效劳!

拿破仑说过这样一句话:"不想当将军的士兵,不是好士兵。"我想当一名好士兵,也相信今天我是成功的参与者,明天我将是参与者中的成功者。

我坚信4年级10班会在我们大家的共同努力下变得更加优秀、更加出色!请大家继续相信我、支持我,投出你们神圣的一票吧!谢谢大家!

她的这篇演讲稿是自己独立完成的,并在竞选时以最高票成功竞选为班长。我们来解析一下,这篇竞选演讲稿背后的底层逻辑。

整篇演讲稿用的是黄金圈法则,也就是是什么?为什么?怎么做?

Hi,亲爱的老师们,同学们,大家好,我是你们熟悉的马语浛。今天非常荣幸能站在这里参加班长竞选,当然这也少不了老师和同学的支持和鼓励。戴尔·卡耐基说过:"不要怕推销自己,只要你认为自己有才华,你就应该认为自己有资格担任这个职务。"所以,我相信我有能力担任班长一职。

(竞选的职责是什么?)

作为4年级10班大家庭的一员,别看我个子小小的,可是我的内心却充满了能量。我想继续发挥光和热,能更多地为同学和老师们服务。

我曾经获得3次"优秀学生干部""优秀班长""三好学生"等荣誉,还曾获得"小小外交官"特金奖,"中华少年说"金奖,重庆频道少儿春晚金奖等,拥有丰富的班级管理经验和较强的语言表达能力。

(我为什么要来竞选?)

我觉得班长不只是需要对班级负责,对同学负责,更需要对自己负责。假如我当选了班长,我会严格要求自己做到以下几点：

第一，每天以身作则，争做学习的标兵，在班级树立好榜样，认真完成老师布置的每一项任务，成为老师的好帮手。

第二，利用课间组织学习好的同学帮助成绩稍差的同学，度过学习的难关。

第三，团结同学，热爱班级，一切以班级的利益出发，不计较个人得失，想同学之所想，急同学之所急，处事公平公正，全心全意为大家效劳！

（我会如何做好班长这个职责？）

拿破仑说过这样一句话："不想当将军的士兵，不是好士兵。"我想当一名好士兵，也相信今天我是成功的参与者，明天我将是参与者中的成功者。

我坚信4年级10班会在我们大家的共同努力下变得更加优秀、更加出色！请大家继续相信我、支持我，投出你们神圣的一票吧！谢谢大家！

只要孩子掌握了黄金圈的底层逻辑，以后任何的竞选演讲都不是问题。作为父母一定要清晰地知道，一个优秀的学生是否能够担任某种职位，除了要具备一定的个人能力外，还应具备良好的口才。因为作为班干部，孩子要管理其他同学，只要和人交往就一定少不了语言沟通。

竞选班干部的演讲稿目标不同，内容也要有所不同。要在竞选班干部演讲中获胜，孩子需要注意以下几点：

1. 明确目标

首先要明白你竞选的目标是什么，目标确定之后不可左右动摇，飘忽不定。比如，竞选岗位有班长、学习委员、体育委员、文艺委员、劳动委员等。你要确定一个岗位，然后从这个岗位出发，挖掘自己的优势，这样才能在演讲时打动老师及其他同学，获得他们的认可。

如果你的目标是两个以上，觉得"如果竞选不上班长就竞选学习委员吧"。这样因为你心中有多个目标，就会很难针对某个岗位发挥出自己的优势，也很难给老师及其他同学留下深刻的印象。

丹丹在听了我的分享后说："茜茜老师，上次班里竞选班干部。在班级中，我各个方面都还不错。爸爸建议我竞选班长，说如果竞选不上班长，就竞选学习委员。可是，到最后我什么也没有竞选到，原来问题出在这里。"

很显然，丹丹的问题不是她能力差，也不是她演讲得不好，而是目标不明确，导致表达不坚定。试问，你会选择一位不坚定的班干部吗？答案是显而易见的。

2. 突出长处

明确目标后就要突出自己的长处，只有目标明确，孩子才能针对目标来挖掘自身的优势和长处。班长和学习委员，这是两个不同的岗位，对任职者的要求也不尽相同。班长重点要求的是个人管理能力、统筹能力，学习委员重点要求的是个人学习能力、辅导能力。所以，在孩子确定了目标后，要根据孩子竞选的岗位而展示自己的优势。

如果你竞选的是班长，那么在演讲的过程中，要着重展示自己的管理、领导能力等。如果你竞选的是学习委员，那么在演讲的过程中，要着重展示自己的学习能力、帮助他人的能力等。如果你竞选的是体育委员，那么在演讲的过程中，要着重展示自己的体育能力、活动设计能力等。如果你竞选的是文艺委员，那么在演讲的过程中，要着重展示自己的才艺能力、编排节目的能力等。如果你竞选的是劳动委员，那么在演讲的过程中，要着重展示自己的劳动能力、统筹安排的能力等。

3. 真诚演讲

这个世间唯有真诚才能打动人心。在与人交往的过程中，你是否有这样的体会？你对他真诚，他就会对你真诚；你对他好，他就会对你好。在竞选演讲中，孩子要想赢得对方的支持，一定要用真诚打动对方。除了运用相应的语言技巧，最主要的一点就是真诚的心。让老师和同学感受到你所讲的内容都是发自肺腑的，这样就会让你的文字具有生命力。

以上这些方法可以助力孩子很好地进行竞选演讲，但更重要的是要在平日的学习生活中，让孩子成为一个靠谱的人。那么什么是靠谱的人呢？就是凡事有交待，件件有着

孩子一学就会的实战 演说课

落，事事有回音。也就是一件事有没有做好都要回复，都要有闭环。当孩子是一个靠谱的人时，加之竞选演讲的助力，竞选成功指日可待。

练一练：

做一篇班委干部的竞选演讲。

第 9 章

场景应用：熟悉实战场景，不同场合都能脱颖而出

如何做好班会发言，让孩子在班级勇于表达

> 口者，心之门户，智谋皆从之出。
>
> ——鬼谷子

班会主题没有特定的限制，可以是交流学习，可以是增进班级同学之间的了解，也可以是讨论某件事。班会可以提升孩子对问题的认知能力，让孩子的思维更加开阔，也可以提升自己的思辨能力，让孩子学会从思考到表达。

下面是重庆某小学的班会主题——"我们该如何孝顺父母"：

亲爱的张老师，可爱的同学们，大家下午好。我是大家的好朋友张梓涵，也是今天班会的主持人。很感谢张老师给了我这次主持的机会，感恩老师。本次班会我们讨论的主题

是"作为小学生,我们该如何孝顺父母?"。

从我们呱呱坠地来到这个世界,爸爸妈妈就开始为我们持续地在付出,我们第一次蹒跚学步,父母很担心我们跌倒;我们第一次学会用筷子,无数次都用不好,爸爸妈妈却一次又一次耐心地教我们;我们第一次学说话,一句话要学100多遍才学会,父母总是不厌其烦地重复,直到我们学会为止。

古有慈母手中线,游子身上衣。今有父母长陪读,孩子学业成。

父母为我们付出了这么多,那作为孩子,我们该如何去孝顺父母呢,大家有思考过吗?

在没有主持今天的班会前,我没有思考过,总觉得父母的付出是应该的。

接下来,我们小组要一起来讨论一下,作为小学生,我们该如何孝顺父母?十分钟后,请每组派代表讲述大家的观点和想法。

讨论结束后,三组代表分别发表了自己的观点。

第一组说:我们小组讨论出来的结果是,作为小学生,我们要去孝顺自己的父母,一定要从行为上去孝顺。我们要每一次考试都尽全力地去考双百分,让父母觉得开心;可以在节假日给父母送礼物,表达我们的孝顺;还可以为父母做简单的饭菜,这也是我们的孝顺。所以,我们应该从行为上去孝顺父母。

第二组说:第一组同学的发言很棒,让我们把掌声送给他们。我认可他们的说法,我们要从行为上去孝顺父母。其实,除了从行为上去孝顺父母外,我们还要从语言上去孝顺父母。

我们要去说温暖的话去温暖父母,因为爸爸妈妈工作很辛苦,还要照顾我们的学习,我们从语言上温暖他们,要让他们心里觉得甜甜的。我们组的姜瑜同学,有一次早上看见妈妈在做早餐,他就对妈妈说:"妈妈,你知道吗?你做的早餐真的是太香了,感觉都要香爆宇宙了。"姜瑜妈妈听到后笑得特别开心。

所以,我觉得语言上的孝顺也是特别重要的,会让父母觉得所有的付出都值得。当父母生病的时候,我们可以对父母说:"爸爸妈妈,我来照顾你们,你们快点好起来。"在父母难过的时候,我们可以对父母说:"爸爸妈妈,我一直都在的。"

第三组说:第一组和第二组的同学说要从言行上去孝顺父母,但是你们有没有想过父母最想要的是什么,父母最想要的是孩子有出息,所以,我们一定要去成为更好的自己。

我觉得成为更好的自己,除了成绩要好,还有两个方面要注意,第一个是我们的思想品行一定要好。我们要做一个正直、正能量、有教养的人。

第二个就是我们要去提升自己的综合素养能力,让我们更好地去适应社会。我爸告诉我,在他年轻的时候,实体行业就能够赚钱养家糊口,而现在实体行业比较难做,需要学习直播的方式。所以,作为小学生,一定要去提升自己的综合能力,去适应社会的变化,这样才能成为更好的自己,这样才是对父母最好的孝顺。

　　这一次的班会，大家讨论得非常积极，也很认真，但是在第三组的讨论中，张婷婷心里觉得孝顺父母应该关注父母的精神孝顺，就是知道父母想要我们做到怎样的孝顺。可是，她就是不知道如何表达出来，看着同学们纷纷发表自己的观点，她只有坐在座位上干着急。

　　班会是每个孩子求学路上都会经历的，孩子不能仅是旁观者，更应该是参与者，班会上的发言不是毫无头绪的几句话，是需要良好的口才能力去帮孩子完成的。班会的主题各异，要想在班会上得到认可，需要注意以下几点。

1. 紧扣主题

　　通常情况下，班会都有一个主题，在发言的时候，孩子要围绕主题进行，否则，发言就没有意义了。在孩子发言的时候，要加入自己的感受。

　　那如何加入感受呢？

　　○ 孩子从中学到了什么？

　　○ 今后孩子打算如何做？

　　例如：

　　是的，孝顺父母是我们每一个小学生该做的事情。从几位代表的发言中，我学到了孝顺要从语言、行为、精神上去孝顺父母。语言上，不顶撞父母，学会跟父母好好的沟通；

行为上,为父母做力所能及的事情;精神上,多去关注父母想要什么样的孝顺方式。在今后的生活中,我要每天说一句孝顺父母的话,做一件孝顺父母的事。

2. 逻辑清晰

班会上的发言较为随性,但要注意,孩子在任何时候讲话,逻辑清晰都是最基本的要求。所以,孩子在开口前,一定要先理一下说话的次序,重要的内容要先说,不重要的内容放在后面,可以让孩子用凡事讲一点、凡事讲两点、凡事讲三点。

如果你要讲述的是一件事情,就要把这件事情的原因和结果交代清楚。这样其他同学才会明白你要表达的意思。

相反,如果孩子东一句、西一句,或者没完没了地说一些与主题不相关的内容,只会让同学听不懂,更抓不住孩子发言的关键点。

3. 注意开篇和结尾

在孩子开篇讲话时,一定要加入感谢这一个环节。

比如:

大家好,我是孙悦。首先感谢班长给我这次发言的机会,针对小学生要做家务的事件我有三个观点。

第一,可以培养孩子独立生活的能力。孩子从小就有充足的劳动锻炼,可以使自己的家务活能力增强、生活技能提高,对生活充满自信,能够独立面对任何困难。

第二,可以让孩子养成勤劳的习惯。孩子小时候勤劳,未来这些优秀的品质,将逐步在社会生活中展现出来,并为大家所喜爱。

在孩子说完后,一定要在结尾处再次强调,或者总结自己的观点。

比如:

我觉得小学生做家务能锻炼自己的生活能力,也能帮助父母减轻家务负担,更能学到课本以外的知识。所以,我支持小学生在家做家务。

练一练:

做一篇"小学生,如何管理时间?"的班会发言。

如何做好学校讲解员,让孩子成为学校的小向导

> 要使人信服,一句言语往往比黄金更有效。
>
> ——德谟克利特

讲解工作通常会出现在博物馆、纪念馆等地方。讲解员是博物馆、纪念馆与观众心灵沟通的一座不可或缺的桥梁。随着时代的发展,讲解工作也逐渐深入学校,很多孩子都有机会成为小小讲解员。

讲解稿:
尊敬的各位领导,各位老师,大家上午好。欢迎大家来到重庆,参观刘伯承故居。我是今天的讲解员刘芳。非常高兴今天能由我来为大家讲解刘伯承将军的故居。今天,我将

孩子一学就会的实战 演说课

带领大家一睹元帅的风采,参观他戎马生涯中的丰功伟绩。

我们进馆之前,先做一个简单的了解。刘伯承同志纪念馆位于重庆市开州区汉丰街道胜山公园内,1990年12月奠基,于1992年12月4日刘伯承同志诞生100周年纪念日正式对外开放。大家知道纪念馆的名字是由谁亲笔题写的吗?纪念馆的名字是由邓小平同志亲笔题写的。

刘伯承纪念馆现占地有60亩,由总展馆和东西两部分组成。纪念馆内的陈列布展按照历史轨迹,分为"壮志英华,从容救国""土地革命,屡见其功""烽火抗战,尽显神威""解放战争,功勋卓越""开国元勋,再铸伟业""一代名师,风范千秋"六部分。

展线长达520米,陈列着珍贵的图片630张,实物和文献资料358件,其通过声光电科技手法生动再现了刘伯承元帅传奇的一生。接下来,请各位领导和老师跟随我一起进入刘伯承生平业绩陈列展厅。大家注意展厅前的台阶,小心不要摔倒了。

首先我们进入的是"壮志英华,从容救国"篇章。

刘伯承将军出身于农民家庭,从小就非常勤奋,而且非常努力。大家知道吗,刘伯承在5岁的时候就被他的爸爸送到了私塾里,还为他找了一位名叫任贤书的启蒙老师。刘伯承的爸爸刘文炳经常对他说:"我没有南庄田、北庄地,只有一管笔、一锭墨留给你,你不用功,那你日后怎么办?"所以,小时候的刘伯承就相当刻苦,不光背许多的文章,而且能够背注释。刘伯承勤奋好学，在老师的门下学了六年，不光学习了文化和武术，还培养了忧国忧民的情思和救国救民的志气。

在青年时代，刘伯承将军选择投笔从戎。19岁的刘伯承毅然剃掉了辫子，徒步翻山越岭来到万县投身辛亥革命，参加了反清的学生军。从此开启了投笔从戎的一生。

刘伯承将军在丰都战役中负伤之后，发现病情日益恶化，就由朋友秘密送到了重庆的宽仁医院医治，当时的医生是德国人阿大夫。刘伯承当时壮志未酬，他为了保护脑神经，拒绝使用麻醉药动手术，每割一刀刘伯承就咬紧牙关，双手死死地抓住手术台的木脚，大汗湿透了他的衣裳和床单。一连割了70余刀，他自始至终没有喊一句，没有叫一声。手术后，木脚上留下了许多深深的指甲印，刘伯承这种坚韧不拔的毅力，较之历史上刮骨疗毒的关羽有过者而无不及。阿大夫十分敬佩，他常常在别人提起刘伯承时赞叹："他不是军人，而是军神。"

…………

好了，今天的讲解就到这里了。希望今天的讲解大家能够喜欢。再次感谢各位领导、各位老师莅临重庆，一起来参观刘伯承将军故居。祝各位领导、各位老师生活顺心顺意，工作万事如意，谢谢！

那么，孩子怎样才能成为一名优秀的讲解员呢？

1. 专业知识

法国著名作家拉封丹说过一句话:"无论做任何事情,都应遵循的原则是:追求高层次。你是第一流的,你应该有第一流的选择,你要在工作中加入热忱两字。"

所以,孩子作为讲解员需要走进纪念馆,走进图书馆、史料室,甚至追寻历史事件或历史人物的足迹,探访、考察、研究相关的历史事实、历史背景或历史人物的成长经历、心路历程,才能在讲解需要时驾轻就熟、旁征博引、底气十足。

尹一捷在讲解刘伯承将军故居时,认真地寻找史料,努力学习关于刘伯承将军一生的内容,寻找刘伯承将军无数光辉背后的故事。她的讲解使现场观众对刘伯承将军的高大形象和崇高的爱国情怀有了更深刻的了解。

2. 专业技能

当今社会人们的物质生活水平提高了,更为注重精神生活。大家更希望在博物馆、纪念馆能享受到"精神盛宴",但仅凭观众自己去欣赏,有些事物的背景或更深层次的东西是无法看透的,这时讲解员的解说是非常重要的。合格的讲解员要具有良好的专业技能,讲解员在讲解的过程中如何有效地掌握讲解中的技能技巧,可以从以下几个方面入手:

◎ 对象

今天要讲解的对象是哪个群体?接受能力如何?人数多

少？停留时间多长？有什么特殊的兴趣或特殊需求？等等。只有了解了对象是谁，讲解时才能做到有的放矢、事半功倍，才不会出现讲解员还在认真地讲解，观众却大多不知所踪了的情况。

◎ 互动

要与观众进行有效的互动，让观众走进博物馆，走进历史事件的进程，走进历史人物的内心。这里可以让孩子多用提问的方法，增强和现场观众的互动。

◎ 趣味

讲解不是一种固定不变的模式，也不是一种绝对的、单纯的理性强调，它会随着鲜活的、变化着的历史进程而发生变化。所以，趣味性的讲解，也是一个很重要的方法，枯燥无味是讲解的大敌。

那孩子该如何让讲解变得更有趣味儿呢？

孩子在讲解时，要善于用故事。用生动、有趣的历史典故或典例，来吸引观众的注意力，只有这样，才能达到良好的效果。

◎ 有声语言

讲解是讲解员通过有声语言向观众直观描述及分析、评价。正确掌握和运用好语调、重音、节奏、呼吸发声和吐字归音，并把它们有机地结合起来，可取得令人意想不到的效果。

孩子在做讲解员时，可以根据具体所讲的内容和现场观众的年龄、文化、兴趣、时间等诸多因素，来确定和调整讲解节奏。

讲解的对象是老年人，那么节奏要放慢；讲解的对象是年轻人，节奏可以快些；如果是中小学生，节奏和语气可慢中加快、快中加慢增强变化。在整个讲解过程中，语调、重音、节奏要适中，突出语言的韵律美，语气处理要轻松活泼。发音要清晰有力，韵尾收音完整，可给观众一种愉悦感。

3. 仪表着装

讲解员要注重着装与仪态，人们常说："人靠衣装，马靠鞍"，讲解员的着装好坏直接影响到观众的情绪。讲解员说话要显示出最好的一面。着装要整洁，要协调，要有风度；讲解员的站姿要稳重、自然、大方，立腰收腹，不要遮挡在场来宾的视线。

具体还需要注意以下几个方面：

◎ 表情

讲解员应该表情自然面带微笑，眼睛应该正视，眼睛和观众的接触时间不应该太长，还需要环顾四周，观察观众的活动和反应。

◎ 行走

行走是讲解的主要动作，是一种动态美。如何走路对于引导观众参观非常重要。当演讲人走路时,应该注意自己轻盈的步态,抬起头,放松肩膀,直视眼睛,面带微笑,自然地摆动手臂,与观众保持距离,不要拉得太远。在展厅讲解时,讲解员应面向观众后退或侧身行走。

练一练:

讲解你的学校。

如何帮孩子打好校园辩论赛，唇枪舌剑占上风

> 语言最能暴露一个人，只要你说话，我就能了解你。
>
> ——本·琼森《木材，或关于人与物的发现》

辩论赛也叫辩论会，是参赛双方就某一个问题进行辩论的一种竞赛活动，实际上是围绕辩论的问题而展开的一种相关知识的竞赛、思维反应能力的竞赛、语言表达能力的竞赛和综合能力的竞赛。

辩论题目：小学生该不该打游戏？

○ 立论：

大家好，我是张凯威，我今天的持方是小学生不应该打游戏。我认为小学生打游戏既浪费时间，又影响学习。现在我们的学习任务这么重，如果还没有时间留给我们复习，那

第9章

场景应用：熟悉实战场景，不同场合都能脱颖而出

成绩怎么才能提高呢？

如果我们再打游戏，游戏里的时间过得很快，不知不觉就玩了很久，常常有同学抵制不了游戏的诱惑而通宵打游戏，这样就会大大影响我们的精力。白天上学，老师在讲课的时候，我们就没有精力来听老师的课程内容。所以我方坚决认为小学生不应该打游戏。

大家好，我是王小千，我的持方是小学生是可以打游戏。因为打游戏对小学生的大脑智力开发是有益处的，而且游戏可以动脑动手，可以让我们的思维和动手能力更加的厉害。所以我认为小学生是可以打游戏的。

○ 攻辩：

张凯威：对方辩友，我不同意你的观点。你刚刚说打游戏可以锻炼思维能力，我并不这么认为，我认为小学生打游戏只会让品质下滑，为什么这么说呢？游戏里有很多暴力、血腥的画面，这些画面层出不穷，偶尔还会有色情的画面出现。这些都大大影响了我们这些本身抵抗能力就不强的小学生。小学生们玩游戏无疑增大了会走上崎岖道路的风险。

有一个叫小听的学生，他曾经学习很好也非常有前途，可是因为他迷上了网络游戏，沉迷于其中，无法自拔，因此辍学了。他经常向父母要钱，父母不给他就自己去偷，一元、两元、十元、百元，甚至有一次拿走了父母的三四千元钱，在网吧里待了几天几夜。等他再想拿钱的时候发现爸爸妈妈把钱存到了银行。他就去偷爷爷奶奶的钱，爷爷和奶奶

出来阻止他,他居然拿刀相向,造成一死一伤,拿走了他们的钱。

你想想,全中国有多少祖国的花朵都因为网络游戏而凋谢,所以我认为小学生不该打游戏。

王小千:对方辩友,你刚刚说的这种情况是很少出现的。现在,在我们的生活中,已经有了青少年游戏的装备和过滤掉不好内容植入的 App。你刚刚讲的那个小听的案例已经是极个别的案例了。我身边有很多朋友,他们也玩游戏,可是他们却非常有节制,并没有影响自己的学习。我们小学生面对学习已经有极大的压力了,用游戏这样的方法释放自己的压力,是最现实的快速释放压力的方法。所以说我认为学生是可以打游戏的。

张凯威:对方辩友,我不同意你的观点。你说有一个软件专门巡查这种不良的视频、这些不好的行为,可是我想问问你,你怎么就能保证每个人的手机上都有这个软件呢?而且你用什么数据能证明每一个视频都没有色情或者暴力血腥的场面呢?你还说可以排解我们的压力,可是我再问你,我们读书、听音乐就不能释放我们的压力吗?为什么偏要去打游戏呢?所以我认为小学生不应该打游戏。

王小千:对方辩友,我觉得你对游戏有偏见。我也打过游戏,我打游戏就是为了来释放自己平时学习的压力。而且经过专家表示，小学生打游戏可以训练逻辑思维能力，这样对文化课也是有帮助的。那么，你凭什么认为我们小学生不能打游戏呢？请你回答我这个问题。

张凯威：对方辩友，我不同意你这个说法。鲁迅先生有篇文章《拿来主义》，里面有一句话说，当你推开窗户时，进来的不仅有新鲜空气，还和苍蝇和蚊子。这些苍蝇和蚊子就是网络对我们造成的不好的东西。

○ 结辩：

张凯威：我方认为小学生不应该打游戏。网络游戏像糖衣炮弹，外边披着华丽的外衣，有多少人为了追求炫酷的感观将自己沉迷其中无法自拔？有多少人背着父母偷偷去网吧？有多少人把宝贵的青春献给了虚拟的幻想？有多少人为了打游戏走上了犯罪的道路？所以我认为小学生不应该打游戏。

王小千：经过这次辩论，我依然认为小学生是可以打游戏的。因为小学生打游戏主要是为了释放自己的压力，而且小学生打游戏只要掌握好时间，只要和爸爸妈妈做好约定，那么，就不会沉迷于网络。所以，我认为小学生是可以打游戏的。

这场辩论赛是不是很精彩？他们从立论、攻辩到结辩都有理有据,很好地运用了提问法、讲故事等技巧。那孩子如何打好一场辩论赛呢?

辩论前:
第一,认真审题。

要对拿到的辩题的每一个字、词,进行了解和分析。弄清楚它们的意义和辩题所围绕的重点,特别注意表示程度的词。

比如:"更""最",只要有它们的存在,就一定要把握好提问和回答的重点,这样才能不跑题、不偏题。

第二,跳出思维的框子。

由于人的习惯会给自己的潜意识带来一些默认的看法,这样就会使自己的思维陷入困境,而导致无法突破,导致理论过于肤浅。在比赛中,自然会被对方攻击,一场辩论中只有被攻击,就谈不上对对方的攻击了。

第三,重新下定义。

在辩论比赛中,关于辩题,每个队伍都会从对方的角度去考虑,你的每一个想法都有可能成为对方预料的内容。由此,在辩论中一定要将自己的论点建立在一个求"新"的角度上,为辩题重新下定义。

比如:

常规定义:幸福是实现自己的梦想。

重新定义：幸福不是实现自己的梦想，而是和家人在一起的一日三餐。

第四，用词严谨。

对于比较敏感的词汇的定义不要过于明确，除非是比较权威的词典上的定义且对自己有利时才可以使用，因为我们知道中国的语言文化源远流长。辩证性很强的话语如果过于明确就等于让对方找到了攻击方向。最好的方法是尽量采用语言变通的方法进行描述，这一方法我们会在后面讲述。

第五，多角度准备。

辩题要多角度准备，可以从哲学、经济学、经典文学、数学、道德等方面着手。尝试各种各样的角度组合，像拼图一样去感觉它在其他领域中存在的合理性。

第六，练习辩论技巧。

- 抓漏洞
- 提问题
- 讲故事

辩论中：

第一，立论

立论是指对某个观点提出本方看法和理论的逻辑过程，也就是树立本方旗帜的过程。立论要展示思维的高度，从而具有抗击打力，同时语言要简练、易懂而富有打击力。

○ 立论要简意赅，有逻辑性、层次感。最好点出一二三，因为观众不能把你所说的内容都记下来，往往只能抓住几句印象特别深的。

○ 引经据典要恰当、精要。注意任何例子、数字都必须要有出处，有一定的权威性。自己还在犹豫的例子，或无足轻重的内容干脆不要用。要记住，数字是具有说服性的，国家的政策文件等也可以好好利用。

○ 在立论时，声音要洪亮适中，语速要沉稳，气势要从容淡定。

第二，攻辩

攻辩，也叫盘问、质询，是辩论比赛中非常重要的一环。孩子如何进行攻辩，以下这四大技巧一定要用：

○ 提问题。

在辩论赛中，孩子以提问题的方式向对方辩友提出漏洞性的问题。

在一场辩论赛"经济增长与自然保护哪个更重要"中，反方在自由辩论时的一句"按对方辩友的逻辑，难道我国以经济建设为中心的政策是错误的吗？"让对方辩友哑口无言。

○ 讲案例。

辩论时的案例可以分为新闻案例、名人案例、自己的案例和身边朋友的案例。其中，新闻案例是最具有说服力的案例。在第三届七色豆辩论赛比赛现场，冠军张瀚月就是以一个名人的新闻案例以压倒性的胜利战胜了对方。

我记得，当时的话题是：网络让我们的关系越来越近，还是越来越远？周珈萱在现场抽签的持方是网络让我们的关系越来越远。

辩论中，她说："对方辩友，网上有一条新闻是这样的：10月12日，周五，张先生和弟弟、妹妹去爷爷家吃晚饭。看到儿孙满堂，两位老人很高兴，爷爷还喝了点酒。饭桌上，爷爷屡次想和孙子孙女聊天，张先生三兄妹却都没在意，只顾着低头各玩各的手机，老人开始不高兴了。老人说了一句'你们就和手机过吧'，便摔了眼前一个盘子，生气地回了房间。原本其乐融融的家庭聚会场面，立刻尴尬无比。你看，这不充分证明了网络让我们的关系变得越来越远吗？"

○ 说名言。

名人名言可以更好地点名观点、升华观点和强化观点。就像开篇的辩论赛中，张凯威说，鲁迅先生有篇文章《拿来主义》，里面有一句话说，当你推开窗户时，进来不仅有新鲜空气，还有苍蝇和蚊子。

他的这句名言让辩论达到了一个新高度，所以我们要储备更多的名人名言，让辩论时可以随时取用。但是要切记，名人名言不是毫无堆砌地乱用，而是要根据具体的案例实际去用。

○ 抓漏洞。

孩子在辩论的时候一定要善于去抓住对方的漏洞，对方的漏洞就是他用词不严谨的部分，或者是他观点说得混淆的部分，或者是他讲的案例和他的观点不匹配的部分等。只要孩子在打辩论时，能够沉下心来听对方所讲，然后抓住他的漏洞，攻其不备，那孩子在比赛时就会取得压倒性的胜利。

当孩子抓到漏洞时，可以用这一个句式来说："对方辩友，刚刚你说……，请你正面回答一下这个问题。"或者说："对方辩友，你偏题了，你的观点是……，而不是……，所以你偏题了。"

第三，结辩

结辩是辩论至关重要的一环，结辩结得好会给观众留下更好的印象，让辩论更加出彩。在最后结辩时，孩子一定要注意三个小细节：

○ 强调自己的观点。
○ 升华自己的观点。
○ 再次重复自己的观点。

以上为大家提供的辩论方法是两人辩论的方法，两人辩论可以很好地训练孩子的辩论能力，能够让孩子进行综合性全方位的辩论练习。两人辩论也是提升自己在辩论中水平最快进步的方式之一。当孩子把两人辩论练好后,进入四人辩论中,就可以游刃有余地适应好辩论中的每一个角色。当孩子通过这些方法练习时,家长反馈说:"我儿子三年级的辩论能力,比姐姐大二的辩论能力都好。"

练一练:

以"父母犯错,孩子该不该提出来?"为题进行一场辩论。

第 10 章
即兴演讲：不用文稿也能发言，到哪里都能成为焦点

第10章
即兴演讲：不用文稿也能发言，到哪里都能成为焦点

🎤 让孩子拥有即兴演讲思维，摆脱文稿也能发言

> 你在和别人交流输出观点、表达自我的时候，其实就是你在输出你的领导力和影响力。
>
> ——《即兴演讲：掌控人生关键时刻》

即兴演讲对一个孩子的综合素质要求颇高，演讲者通常是在演讲前几个小时或是几分钟前才获知演讲范围，没有演讲稿，更没有充分的准备时间。要达到好的即兴演讲效果，我们就得帮助孩子转变观念，在选择语言或打底稿之前，需要有正确的思维模式。

下面我们来看一下央视一位优秀的主持人在江西财经大学（简称财大）的一场即兴演讲：

各位财大的同学，下午好！我基本上算是被"绑架"来

的，因为这并不在我的南昌计划当中。

看到这个场面，就想起了我自己的大学生涯。大学里要去珍惜、维系和发展，那种一辈子很难遇到的集体的友情；大学里要锤炼自己非常坚强的心理素养；大学里要学会用自己的脑子开拓思维，而不是别人说是我就是，别人说不是我就不是。

最后我想说的是，我知道现在很多人在探讨说现在年轻人不容易，我非常理解，全社会应该关爱你们，但是，不必溺爱。我想反问的是，有哪一代的青春是容易的呢？

同学们，青春有一些重要的特质，敢于犯错误，敢于尝试。你们有大把大把的时间可以改正错误，到了我们这个年龄就不敢了，给你改正错误的时间越来越少。同学们，去放大青春中那些最美好的东西，去享受这个日子，把平淡的日子往幸福那儿靠，所以，我期待你们的将来！谢谢各位！

他的整个演讲一气呵成，主题鲜明，自然连贯，时而幽默，时而激情四射，所运用的语言通俗易懂，富有亲和力的演讲博得了学子们的满堂喝彩。其实，即兴演讲不仅需要很强的心理素质，对一个人的文化素养也要求颇高。对于孩子来讲，要从容面对即兴演讲，就需要注意以下几点：

第一，心绪平稳。

孩子在面对即兴演讲时，紧张是在所难免的。很多孩子站在台上，说两句话就"呃……呃……"似乎在想接下来该怎么说。其实，可以试着将"呃"换成一两秒的停顿。面对紧张的情绪，可以试着在上台前深呼吸，闭目养神，还可以做双手紧握、放松的动作，以此来消除身体的紧张感。在即兴演讲前，为自己准备一瓶水，不仅润喉，还有利于情绪的稳定。

第二，打腹稿。

利用上台前的一段时间，厘清思路，构思腹稿，做到心中有数，可以用三个关键词的方式来进行自己即兴演讲观点的阐述。切记，对不明白的事情不可以装内行，争议性的话题不要谈论。

第三，语言简洁。

即兴演讲一般没有提前预演，有点"赶鸭子上架"的感觉，此时，语言越简练越好，言简意赅，点到为止，不需要太过深入。

以下三篇即兴演讲稿，是我的学生拿到话题三秒后，进行的即兴演讲：

○ **即兴演讲一：**

大家好，我叫唐启桓。今天我要跟大家聊一个即兴的话题奋斗。说到奋斗，我就想到了三点。

第一点，我们要努力地去追求我们的目标，中途的这个过程就叫奋斗。

第二点，我们要努力地去坚持我们的奋斗的行为，因为行为非常重要，你只有坚持了奋斗的行为，你的目标才会实现。

第三点，我们的成功并不是靠运气来完成的，而是通过奋斗。我们有了奋斗才能有很好的运气，我们就能得以成功。

这就是我对奋斗的理解，谢谢大家！

○ **即兴演讲二：**

大家好，我是唐启桓，我今天要分享的即兴演讲题目是梦想。什么是梦想呢？我们对现在和长期去追求的一个目标就叫作梦想。我们的梦想不能随随便便定好，需要经过深思熟虑去定好自己的梦想。定好了梦想之后，我们需要有计划地去实施，这样我们才能成功，不然我们是不可能成功的。特别注意的是，我们的梦想需要特别明确，目标越明确，我们去追求这个明确的目标，就越容易实现。以上就是我的分享，谢谢大家！

○ **即兴演讲三：**

大家好，我是唐启桓，我今天要分享的即兴演讲题目是感恩。说到感恩，为大家分享三点。

第一点，我们要对哪些人感恩？首先，我们要感恩我们的老师、父母、前辈以及我们自己。

第二点，感恩并不是别人给你什么东西，你就要还给他，而是我们要很真诚地感谢别人，用心去回报别人。

第三点，当别人帮助了我们，或者爸爸妈妈、老师给了我们爱的滋养，我们长大了后，成为有能力的人，我们就要去帮助这些帮助过我们的人和爱我们的人。以上就是我的分享，谢谢大家！

哲学家爱比克泰德说："人有两只耳朵却只有一张嘴，因此听得多，听是我们说的两倍。"讲与听是相互的，想要成为好的即兴演讲者，必须学会倾听。倾听时，身子微微前倾，眼睛目视对方，面带微笑。成为一名好的观众，是成为好的即兴演讲者的基础。

练一练：

向朋友分享如何拥有即兴思维。

🎤 教孩子掌握即兴演讲三大框架，任何场合都不会被难倒

> 想要做事有逻辑，说话有条理，决策思考有根基，就要所想所做都有框架。
>
> ——舍恩伯格《框架思维》

在一次综艺节目中，主持人很八卦，想知道大张伟和王菲的关系，接连问大张伟，说："你和王菲是什么关系？"大张伟说："我和菲姐的关系就像是可以共同戴一副耳机一样，她戴左耳机，我戴右耳机。"

大张伟的回答是不是很机智。

孩子虽然不是明星，但孩子在小升初面试、初升高面试、大队长竞选，或者是在学习上，都会面临需要即兴发挥的时刻。好的即兴演讲，会让孩子一下子很出彩。

第10章
即兴演讲：不用文稿也能发言，到哪里都能成为焦点

即兴演讲的学习不是一日之功，需要台下刻苦的练习，要在他人看不见的时间里悄悄拔尖。正所谓，台上一分钟，台下十年功。想要即兴演讲发挥得好，需要时间长期的累积才能完成。

我经常告诉我的学生，你要时刻做好准备，你大脑中随时准备着你可能被老师点上台进行即兴发言，长此以往地做好准备，你的即兴演讲能力就能很好地提升。

经过教学这些年的探索，孩子为即兴演讲做准备时，可以参考以下四个小技巧。

第一，时间轴——曾经、现在、未来。

有一次，学生参加重庆电视台"星光少年演说家大赛"获得冠军，让学生发表获奖感言。突然接到这样的安排，她接过麦克风，思考了三分钟说："今天，我能获得这个奖，我特别感谢我的妈妈。曾经，面对演讲学习我退缩过、迟疑过，可妈妈很坚定地告诉我，唯有吃得苦中苦才能成为人上人。所以，我在妈妈的鼓励和帮助下持续进步一直成长，才有了今天拿到冠军奖杯的我。我非常感谢我的妈妈，没有她的坚定就没有今天的我。未来，我会继续努力、持续进步。谢谢大家！"

时间轴是非常好的一个即兴演讲框架，适用于任何场合。在学期末的总结上，孩子可以说说这学期刚来的样子，现在的成长，未来自己的规划；在爸爸的生日会上，孩子可

以说说曾经爸爸在你眼中的样子,现在爸爸在你眼中的样子,未来你想为爸爸做些什么;在给老师的反馈中,可以讲讲初识老师时老师给予你的帮助,现在你的成长,未来你要如何做等。

第二,凡事讲三点——随便讲三点。

孩子往往在接到老师或者同学提问时,只有短暂的3秒到15秒的时间去思考。想在这么短的时间内做有逻辑的表达,可以用凡事讲三点的方式来进行。

在一次课堂上,我问同学们,母爱是什么?只见张希恩马上举手说:"老师,关于母爱我有三点看法。第一,我觉得母爱像春天的阳光一样,温暖滋养着我们。第二,我觉得母爱是这世间最美好的情感。每一次我生病,妈妈都非常耐心地照顾我,常常睡觉都睡不好。第三,我觉得母爱是我们失败时的一束光,照亮我前行的路。以上就是我对母爱的理解!谢谢大家!"

凡事讲三点中的随便讲三点可以快速地帮助孩子组织逻辑,让孩子清晰、有条理地表达。

第三,凡事讲三点——同一个词讲三遍。

2021年夏天,学生去参加夏令营,结营时,她在现场临时被导师叫上舞台进行发言。她说:"大家好,我是张婉。

这次来参加夏令营，我有三个感动。

第一个感动源自我的助教老师。当我们小组有组员害怕、不敢突破自己走上舞台时，助教老师总是马上来鼓励我们，让我们重建信心、勇敢走上舞台。

第二个感动源自我们的主讲老师。她总是细心地为我们指导专业学习，让我们在五天四夜的学习中，收获颇丰，知道了用黄金圈进行班干部竞选。

第三个感动源自我的同学们，他们为了能够站上舞台PK，凌晨两点都还在走廊、厕所背稿。请现场所有的父母为他们送上认可的掌声，谢谢大家！"

同一个词语讲三点不仅可以用"三个感动"，还可以用"三个感谢""三个祝福""三个认可"；等等。如果孩子还愿意挑战更高难度的技巧，还可以用"感动、感谢、感恩"来进行即兴演讲。

第四，凡事讲三点——三个角度讲三点。

2022年母亲节，我问孩子们，幸福是什么？孩子们说，幸福是妈妈周末不忙，能陪我去游乐园玩儿；幸福是不上培训班；幸福是可以实现自己的梦想；等等。

我说："大家都说得很棒，那你们能从不同的角度来说说幸福是什么吗？"

孩子从时间角度、学科角度、人物角度、年龄角度、职业角度来表达幸福什么。其中，我最喜欢这位同学的表达。

大家好，我是李卓曦。今天我想跟大家分享一下幸福这个话题。我觉得幸福就是跟弟弟在万达广场一起搭乐高，我们一起配合的模样太美好啦！我妈妈觉得幸福就是我和弟弟能够健康快乐长大，并且能过上幸福美满的生活；有一位老人说幸福就是孩子们能常回家看看，陪他说说话，一起吃饭。每个人对于幸福的理解都不相同，但我们都渴望自己能幸福。以上就是我的分享，谢谢大家！

即兴演讲的练成非一日之功，需沉下心来细细打磨、慢慢沉淀、静静成长。只要孩子在每天练习5分钟的即兴演讲，三个月后必有所成。

练一练：

用时间轴做一篇即兴演讲。

第 10 章

即兴演讲:不用文稿也能发言,到哪里都能成为焦点

🎤 孩子不会即兴演讲怎么办?

> 一个人要经过一番刻苦奋斗,才会有所成就。
>
> ——安徒生

　　2021 年 6 月,学生许芷涵参加第三届少年演说家大赛,在有稿准备的环节她非常出色地以 94.5 的好成绩,拿到了有稿准备的前三名。原以为她很有可能是冠军,可是,在她进行即兴演讲时,评委老师给她抽到的题目是国家。

　　当她拿到题目时,思维一下子就卡在了那里,脸上呈现出一片焦灼的神色,眉头紧锁,手不停地去抠着裙子……

　　我们一直在下面静静地等待,希望她能够赶快想出即兴表达的内容,10 秒钟过去了,20 秒钟过去了,一分钟过去了,她依然没有想出自己要表达的内容,最后即兴演讲为 0 分。

当她走下舞台后,眼泪一下子就流了下来,扑到妈妈的怀里,失声痛哭起来。两天后她对我说:"茜茜老师,我要把即兴演讲练好,我觉得我可以做到。"

看着她这么努力,我说:"好的,宝贝,只要你有信心,我一定会帮助你练好即兴演讲。从现在开始你要每天打卡,打卡前会先给你一个词语,然后你根据词语来做一段即兴的演讲。你最开始想到什么就用凡事讲三点说出来。如果说不到三点,可以说两点;说不到两点,你可以说一点。你能想到多少你就说多少,哪怕你想不出来也要持续去打卡。坚信只要你持续去做,三个月后,你的即兴演讲会很厉害。"

后来,孩子就按照我的反馈去做,确实遇到了拿到话题说不来的情况,可是她没有放弃。每一次在拿到不会说的话题时,就会和妈妈进行讨论,然后讨论结束后,再一次进行打卡。通过反复的实战练习,三个月后,她可以在拿到任何词语后,马上就进行一篇即兴演讲。

许芷涵可以做到,其他孩子也可以做到。即兴演讲没有想象得那么难,也没有想象得那么简单。当孩子说不出来的时候,父母一定要相信他,给予他正确的练习方法,最后通过持之以恒地刻意练习,即兴演讲都会成为长在孩子身上的技能。

提高孩子即兴演讲能力的方法有三点:一是每天进行一分钟演讲练习;二是从写作开始练习,厘清思路,结构化表达;三是提升内涵,让自己有东西可讲。

第一，每天进行一分钟演讲练习。

选一个主题，做一个简短的演讲，可以是自己对最近发生的一件事情的看法，也可以是最近学到的一些知识的总结，还可以是看到的一部有趣的电影的叙述。通过这个练习，你会感觉到一分钟你大概可以讲完多少内容，让你掌握演讲说话的感觉。

如果是讲对一件事情的看法，可以先描述一下这件事，再讲对这件事的感受；如果是讲最近学到的知识点，可以直接用开门见山法，把知识点分点来讲；如果是讲有趣的电影，可以复述电影情节，讲电影中你印象最深的画面，或是试着改写电影的结局。

这个练习至少需要训练三个月，你才会感觉到有明显的效果。我们也可以通过一些音频平台，做好每天的这项练习。这中间会有很多卡壳的地方，但是没有关系，坚持下去，慢慢地你就会好起来。通过录音或录像回放，你可以找出自己的问题，了解自己的演讲水平，在这一过程中也可以找信任的人给自己提建议。

第二，从写作开始练习，厘清思路，结构化表达。

对于一个比较长的演讲，尽量把要说的内容变成逐字稿，因为写的过程就是一个思考的过程，你一边写一边在整理自己的思维，更会在写的过程中，生发出很多灵感。

切记，要自己先整理好思路和框架，再动手去写，不然写出的内容会杂乱无章。写出逐字稿或者大纲去演讲的时候就会减少出错的可能。写稿的过程,也可以锻炼自己的写作能力。

第三,提升内涵,让自己有东西可讲。

演讲的技巧再好,没有内容可讲,也是没用的,所以我们就要对经常要讲的一些内容,进行深入地专题学习,提高自己的认知水平。

你需要对相关的知识有一个储备,需要内化知识到你的大脑,让自己不断有东西可讲。

分享三个小技巧给大家:

○ 讲书。孩子看过的任何名著都可以让他用自己的语言讲出来,在孩子讲出来时,最好让孩子先画思维导图。

○ 背《论语》。《论语》是一本瑰宝级的好书,可以让孩子背诵《论语》,并通过自己的理解讲出来。

○ 复述优秀的演说稿。《超级演说家》和《我是演说家》这两档节目里的优秀演讲都可以让孩子看,看完后让孩子讲一遍给你听。

练一练:

用"妈妈"为题,做一篇一分钟的即兴演讲。

第 10 章

即兴演讲：不用文稿也能发言，到哪里都能成为焦点

🎤 **让孩子熟知即兴表达的十大案例，学习做演讲的高手**

> 聪明出于勤奋，天才在于积累。
>
> ——华罗庚

在节目录制或者直播过程中，经常会出现突发状况，这时候主持人的应变能力至关重要。今天，为大家列举了几位央视主持人在面对突发状况时，做出的精彩补救。

案例一：

1991 年春晚直播，导演递给倪萍 4 封信件，让倪萍宣读祝福语。倪萍上台后，正准备宣读，却发现信封里拿出来的是 4 张白纸，上面一个字都没有，根本没有所谓的祝福。倪萍当即脑袋一片空白，浑身直打冷战，她只好硬着头皮编。

孩子一学就会的实战 演说课

各式各样的新春贺词,倪萍编起来宛如行云流水。念完了4张空白纸,丝毫不露痕迹,这样的救场能力都能够写进教科书了。临危不乱的反应能力,堪称神仙级别的救场!

案例二:

提到董卿,我们不得不提她的"金色3分钟"。

2007年,在元旦特别节目中,由于流程问题倒计时时间计算失误。节目在临近零点前,出现了接近3分钟的空隙。

而此时的董卿已经想好了救场词,可是耳麦里传来一个声音,告诉她:不是两分半钟而是一分半。董卿连忙调整自己的语序,准备开始讲结束语。谁知此时耳麦里又传来一个声音:还是两分半钟。面对频繁更改的时间差,董卿临危不乱,完全自由发挥。她向我们诠释了什么叫作"腹有诗书气自华",这段救场也成了主持史上的传奇。

案例三:

同样作为央视主持人的撒贝宁,救场能力也堪称经典。

一次在节目上,张信哲当众被台下观众质问害不害怕"过气"两个字。撒贝宁当即用一席话,不仅把场子圆了回来,更帮老牌明星们争了一口气。

撒贝宁说:"你现在非要让乔丹去跟二十多岁的小伙子拼NBA的总冠军不科学,但是这不影响乔丹仍然是NBA的神!"撒贝宁不愧是保送北大的才子,高情商救场简直完美。

第 10 章
即兴演讲：不用文稿也能发言，到哪里都能成为焦点

案例四：

有一年，明星陶晶莹和王菲同台。陶晶莹忍不住问了王菲一个问题，说："王菲，你是怎么从冰山变成火山的？"

王菲明显生气了，当即拉下黑脸，说："我就不是冰山。"

王菲冷冰冰的态度让陶晶莹手足无措。何炅机智救场，开玩笑说："菲姐不是冰山，也不是火山，而是一座活火山。"

不仅缓解了舞台上的火药味，更是让王菲露出笑容。

在综艺节目中，魏大勋开了话匣子，当众吐槽某某导演不专业。一时间，但是现场气氛达到了冰点，没人敢说话。何炅当机立断，将这个锅揽了过来，说："你应该说的是我的上一部作品《栀子花开》吧！"之后，大家才笑出声来。

案例五：

与何炅同为湖南卫视主持人汪涵，救场能力也非同一般。在《我是歌手》总决赛的直播过程中，孙楠突然宣布要退出比赛。这次突发事件，算得上是汪涵事业上一次最大的危机。当然，也是整个芒果台的危机。

孙楠的退出，对节目而言会有什么样的后果呢？据知情人士分析，如果此次事故没有化解，湖南卫视可能会面临上亿的赔偿，导演和节目组顿时冒出冷汗，紧急商量对策。

此时的汪涵一脸淡定，随即做出了一个大胆的决定。汪涵利用广告的几分钟空档，在内心谱写出了 800 字的小作文，

孩子一学就会的实战 演说课

顺利化解了这次的重大意外。这短短的 6 分钟的时间被称为"黑色 6 分钟",同时也让节目组止损了上亿的广告赔偿。

汪涵一战封神,成了《我是歌手》最大的赢家。

案例六:

在 2021 年春晚卡点倒计时的时候,当时场上 5 位主持人说完了两轮的祝福语,距离零点却还有两分钟的空档。

站在 C 位的任鲁豫不得不开始填满空档,于是他高举话筒,慷慨激昂地再次说出一段春晚祝福:"亲爱的朋友们,2021 年农历新年的钟声马上就要敲响了,我们将迎来的是辛丑牛年。新的一年,让我们发扬三牛精神,九牛爬坡,个个出力,形成奋斗合力。在新的一年里再立新功、再创佳绩!"

这段话将全场观众的气氛调动起来,接着又再一次举起话筒,熟练又不失庄重地与现场观众互动:"亲爱的朋友们,在这辞旧迎新的时刻,让我们深深地祝福伟大的祖国风调雨顺,国泰民安!"

最后,任鲁豫刻意放慢语速,完美卡点:"现场的朋友们,大声地告诉我,你们准备好了吗?我们进入倒计时……"

案例七:

有一次春晚的彩排,一个青年歌手在上台的时候不小心摔倒了,面对这个突发情况,董卿的反应非常快,她说了一段非常机敏的救场话:"刚才歌手王莉不小心摔倒,好在没影响到她的演出。其实春晚就是这样一个舞台,能站在这里的都是最优秀的演员,大家都是摔倒了又爬起来才走到这里的!"

这一段话真是补救得很及时,让人不得不佩服董卿的才华能力,落落大方的救场不仅让歌手释然,点明了春晚舞台的重要,也暗含哲理。

案例八:

撒贝宁主持《开讲啦》,在一期节目中,节目组请来了非常有名的一位女院士钱易。撒贝宁非常隆重地向观众们介绍了这位女院士,但是没想到这位女院士却非常的低调,她表示自己非常不喜欢别人总是叫她院士,感觉有一种炒作的行为,她希望大家直接叫她老师就好了;后来她还讲了一个负面的故事,在《非诚勿扰》的节目中,有一位女嘉宾的标准就是不找老师,这个择偶标准对她的打击很大。

没想到撒贝宁只说了一句话:"她不想要找老师,是因为她可能觉得自己高攀不上,您也许理解错了她的意思。"听完小撒的这句话以后,钱易院士也笑了起来,现场更是响起了热烈的掌声。

不得不说,撒贝宁的主持功底非常强,而且救场能力也很厉害,只用了这么短小的一句话就解决了一个非常尴尬的问题。

孩子一学就会的实战 演说课

案例九：

在陈伟鸿长长的"对话"名单中，与美国前国务卿希拉里·克林顿的对话是最"惊险"的一次。在节目录制那一天，希拉里几乎处于 24 小时与中国各个层面进行对话的状态，上午出席首届中美人文交流高层磋商机制成立仪式，下午又将赶赴钓鱼台，中午的转场时间，希拉里团队给予了陈伟鸿和《对话》40 分钟。

节目开始录制以后，希拉里因会议时间延迟未能准时出现在录制现场，而观众已坐在演播室等待了 20 分钟，节目是箭在弦上不得不发。缺失了最重要的采访对象，只能靠主播救场！陈伟鸿火速将观众引入与希拉里见面的情境中，针对中美关系、女性政治家等议题掀起一场和现场观众的热烈讨论，另一边还得绷着神经、竖起耳朵听导播关于希拉里行程的反馈。焦灼中好不容易盼到主角出现，这一出"空城计"已唱了 20 多分钟。

在这样紧张的情况下，陈伟鸿以丰富的主持经验救场。节目录制完毕之后，几乎不用剪掉一个镜头就可以播出，是完美的准直播！节目尾声，希拉里也愉快地与主持人陈伟鸿握手，盛赞《对话》栏目为她提供了一个与中国民众面对面交流的平台。

案例十：

我们常说"好看的皮囊千篇一律，有趣的灵魂万里挑一"。对于主持人来说，一口标准的普通话、一身大气服帖的妆容打扮、拿捏恰到好处的语音语调,是"好看的皮囊",而主持的台风、突发状况发生时候的机智救场,才是万里挑一的灵魂。其实,生活中孩子的每一次公众表达都是即兴演讲,我们要让孩子从小拥有有趣的灵魂和有温度的表达。

附 录

八位演讲"小明星"的经验分享

孩子一学就会的实战 演说课

 不爱说话的孩子如何一站上舞台,就闪闪发光?

我是唐启桓,今年10岁了。我是个不爱说话的孩子,更不愿和不熟悉的人讲话。

还记得4年前,我刚被妈妈引导走入七色豆。有一次,老师们在广场上进行公益宣讲活动,我远远地看着老师,然后偷偷摸摸地绕到广场的最边边想要离开,心里还不停地默念着"看不到我、看不到我、看不到我……"

现在我依然是个不爱说话的孩子,但前提是别让我站上舞台。只要一站上舞台,我就可以闪闪发光、侃侃而谈。

而我的变化,正是来自1000天演说打卡。我的老师特别懂我,我没有办法像其他同学那样拿到话题马上就敢开口说,她就鼓励我坚持每天演讲打卡。

从每天我的打卡中,她鼓励和肯定我的进步,提出需要改进的地方。她还鼓励我们多参加比赛,从实践中去锻炼自己,累积经验,也能从中获得价值感。

通过4年的坚持学习和不间断的练习,只要一站上舞台,我就可以闪闪发光、侃侃而谈。

附录

八位演讲"小明星"的经验分享

 如果比赛失利,怎样恢复信心?

你好,我叫王小千。在我 4 岁的时候,我第一次参加比赛。那一天,我非常紧张,怎么都不敢上台,我看着他们表演得都那么好,第一次感受到了压力的存在。上台后,我说得磕磕绊绊,但还是努力地把它说完了……

后来,我没有晋级,那天我哭了好大一阵子,我在心里对自己充满了责怪。

这时,妈妈走过来,温和地对我说:"没关系的,小千,这是你第一次比赛,没有晋级也很正常。你已经很棒了,只要继续加油,相信你一定能得奖的!"

果然,没过多久,通过努力,我在下一次的比赛中获得了金奖!

我想,正是因为有了妈妈温暖的鼓励,我才不再气馁。我才能那么快,从失败中走出来,找到信心。所以,父母正向的语言,会让孩子在比赛失利时快速找到自信。

害怕舞台，不敢登台表演怎么办？

  我叫肖皖匀。以前我不敢上台，一上台就紧张得手心冒汗，害怕自己在众目睽睽之下说错，那是多么丢人！所以，不管老师怎么说、怎么劝，我就是不肯上台。后来，老师不劝我了，只是告诉我：想要实现梦想，一定要克服紧张，学会表达。

  后来，我发现太在意结果是导致自己紧张的核心原因。所以，我就积极地去调整自己，把每一次舞台演讲、每一次比赛，都当做一次历练、一次成长。当我的关注点发生改变后，我的紧张感就自然而然消除了。

  现在，我不仅仅可以自信大方地走上舞台进行即兴演讲，更学会了怎样写稿、怎样演讲、怎样凡事说三点、怎样有逻辑性思维地表达自己想说的话。演讲使我成为一个开朗大方、充满自信、善于表达的人！

附录

八位演讲"小明星"的经验分享

 说话语速很快,如何降低语速?

我叫陈鑫,记得刚来到七色豆时,我7岁。那时,我说话说得很快,像放鞭炮一样。同学说,我说话像火箭一样快。当时,我练习了很多次还是没有进步,我觉得自己好笨。

老师对我说:"鑫鑫,你不笨,你很聪明,你可以试着逗号停一秒,句号停三秒。"我按照老师说的方法,逗号停一秒,句号停三秒,尝试把语速放慢。开始的时候感觉说话很奇怪,后来我练习了一个多月,语速就慢下来了。

后来,老师还告诉我,为什么一定要慢,那是因为慢下来才能让听众听清我们要表达的内容。

孩子一学就会的实战 演说课

 如何提升表达的综合水平？

我叫张凯威。我在七色豆学习六年半了。从小我就能说，所以妈妈给我选择的学习语言。妈妈问我要不要去参加比赛，我觉得我这么厉害肯定要去呀！

还记得，我第一次参加比赛时，双腿一直都在抖，心里七上八下的。上台也只不过是带着感情地把稿子背了一遍，虽然得到了一个很好的成绩，但是我对成绩并不满足。

通过这次比赛我意识到自己有许多不足。所以我就问老师，怎样才能提高自己的综合水平。老师告诉我，我只要坚持参加1000天演说打卡，就能迎来更优秀的自己。

在这600多天的打卡里，我知道了如何与观众有交流感，我知道了重音和非重音的处理，我更知道了演讲的心流是怎么来的，等等。

如今，我可以从容大方走上舞台，可以相对完美地展现我的作品，也可以得到评委老师的高度认可。

临上场特别紧张,应该如何进行自我调节?

我叫张希恩。曾经,我是一个不敢上台、不敢演讲、不敢表达自己、不敢和陌生人打招呼,干什么事情都特别紧张的小女孩。

记得在我上幼儿园大班的时候,有一次老师让我主持幼儿园六一表演。当我看到台下有那么多观众的时候,我两手发软,手和腿一直在发抖。上台后因为太紧张,还念错了台词。

在金龟子大赛重庆市决赛的时候,虽然在准备室的时候我十分的紧张,但是,我想起了老师教过我们克服紧张的方法:不要去管别人对你的评价。于是,我调整心态,投入自己的作品中。

在我上台的时候我想:我就是作品中的主人公,我就是作品中的主人公,渐渐地我不紧张了,自信地完成了表演。

孩子一学就会的实战 演说课

 如何快速写出演讲稿？

大家好，我是黄子鉴。在我没有接触演讲之前，我不懂得如何去写稿；

可是，在接触演讲之后，我自己总结了一套如何写稿的方法，我觉得特别的好用，分享给大家。

我们就拿《小学生，为什么要有自信？》的这篇稿子来说。

首先，我们要定题目，把题目定下来。

那题目就定为《小学生，为什么要有自信？》

然后，我们要来定框架。

演讲是有开场、中场和收场的，所以我把这个框架定好。

第三，定技巧。

在每个框架上你用什么技巧。比如，开场我选择用提问法和道具法，中场我用凡事讲三点法，收场我用呼吁法、总结法和祝福法。

第四，根据框架填内容，把内容填进去。

比如说，我在道具法这里，要用一张很有自信微笑的照片，那我就在道具法旁边写上，自信微笑的照片。

> 我在中场凡事讲三点的每一点后,分别写上要讲内容的核心点。
>
> 第五,定金句。
>
> 金句就是这一篇演讲要表达的核心价值观是什么,用金句把它体现出来。
>
> 当我有了写稿的框架后,我再去用一个语音转文字的App,沿着框架依次往里面填内容,一篇优秀且完整的演讲稿就写完了。
>
> 写完后,还有最重要的一步就是边读边修改,要做到用词严谨。

参赛前,如何准备好演讲比赛?

大家好,我是蔡怡嘉。今天我要给大家分享如何准备演讲比赛?

我认为,准备好演讲比赛有以下三点:

第一点,我们需要准备一篇稿子,而一篇好的稿子离不开框架。练习框架的方法有黄金圈,或者凡事讲三点。

第二点,有了好的稿子,还离不开动作和表情。

在演讲中有一个定律叫——73855定律,7%代表的是演讲内容,38%代表的是语音语调,55%代表的是肢体动作。大家看,动作和表情占演讲的很大一部分,动作和表情可以让你的演讲生动起来。

第三点,我们需要多加练习和思考。

我老师曾经说过,准备得越充分,练习得越多,才能更加从容不迫。

在练习时,我们一定要带着思考去练习。比如,你练习完一遍后,你要自己去看视频。看一看自己有哪些地方说得好、哪些地方说得不好;说得好的地方继续保持,说得不好的地方要再次练习。

所以,只要我们带着思考多加练习,就可以准备好演讲比赛。